COURS ÉLÉMENTAIRE

THÉORIQUE ET PRATIQUE

DE

MUSIQUE VOCALE.

DIJON, IMPRIMERIE DE PEUTET-POMMEY.

A Monsieur le Baron de Bry,
Préfet de la Côte-d'Or.

COURS ÉLÉMENTAIRE

THÉORIQUE ET PRATIQUE

DE

MUSIQUE VOCALE

Contenant

UN EXPOSÉ ANALYTIQUE ET RAISONNÉ DES VÉRITABLES PRINCIPES DE L'ART,

AINSI QU'UN ABRÉGÉ

DE LA THÉORIE DU PLAIN-CHANT,

PAR

FÉLIX RICHERT.

Un art dépend toujours d'une science.
DESTUTT-TRACY.

DEUXIÈME ÉDITION.

PRIX NET { BROCHÉ : 4 FR.
CARTONNÉ : 4 FR. 50 CENT.

PARIS :

DEZOBRY, E. MAGDELEINE ET Cie, LIBRAIRES, RUE DES ÉCOLES, 78, PRÈS DE L'HOTEL DE CLUNY,
ET A. LEDUC, ÉDITEUR, RUE DE LA BOURSE, 2.

DIJON :

CHEZ L'AUTEUR, RUE VAUBAN, No 14;
ET CHEZ LES PRINCIPAUX MARCHANDS DE MUSIQUE ET LIBRAIRES DE LA PROVINCE.

1858.

A Monsieur le Baron de Bry

Préfet de la Côte-d'Or.

Monsieur le Préfet,

L'honneur que vous avez bien voulu me faire en daignant accepter l'hommage de mon Cours élémentaire de Musique vocale, a été pour moi un puissant motif d'encouragement dans l'œuvre que j'ai entreprise. Il m'a de plus imposé l'obligation de revoir soigneusement mon Cours, avant de le livrer à l'impression, afin de le rendre digne de votre bienveillant patronage.

Je m'estimerais heureux si, par ce modeste travail spécialement destiné à la jeunesse des écoles, je pouvais contribuer à vulgariser l'étude de la musique vocale et concourir ainsi, pour ma faible part, à la réalisation d'un projet, dont votre sollicitude pour le développement intellectuel des populations qui vous sont confiées, vous a fait prendre la généreuse initiative.

Je suis avec un profond respect,

Monsieur le Préfet,

Votre très humble et très obéissant serviteur,

F. Richert.

Monsieur,

Autant que me le permettent mes occupations, j'ai parcouru votre Cours Élémentaire théorique et pratique de Musique vocale, et j'y ai trouvé une exposition claire et facile des principes de la Lecture musicale. Je crois donc que cet ouvrage où la clarté de la rédaction se trouve unie à la lucidité des démonstrations et à la simplicité des exemples, est appelé à rendre de véritables services dans les établissements qui en feront usage pour l'enseignement du Chant.

J'ai l'honneur d'être, Monsieur,

votre dévoué serviteur

Ch. Gounod

Directeur de l'Orphéon de Paris.

Mr Richert

Après avoir pris connaissance de votre Cours Elementaire de musique vocale que vous m'avez fait l'honneur de m'adresser, je me fais un plaisir de vous dire qu'il me parait remplir avec clarté le but que vous vous êtes proposé, je pense donc que les personnes qui voudront l'étudier avec soin, doivent en retirer un excellent résultat.

Agréez, Monsieur, l'assurance de ma considération

Gioachino Rossini

Paris ce 10 Avril 1858

PRÉFACE.

La rapide extension que l'étude de la musique a prise dans ces temps derniers en France, démontre assez que la connaissance de cet art est devenue un besoin de l'époque. Le Gouvernement l'a si bien compris, qu'il en a décrété l'enseignement dans les établissements universitaires, et l'a ainsi fait entrer dans l'éducation publique. Cependant, au milieu de ce grand mouvement musical, d'où vient donc que la musique vocale, base de tout bon enseignement, est encore si peu répandue? Pourquoi la voix humaine, qui est à la fois le plus harmonieux et le plus sympathique des instruments, est-elle si peu cultivée? Cela tient-il au manque de belles voix chez les Français, ou à leur inaptitude pour le chant, comme beaucoup le prétendent? D'où vient que sur cent individus à qui l'on donne le nom de *musiciens*, les *neuf dixièmes* sont incapables de se rendre compte de ce qu'ils font, et d'analyser le moindre des morceaux qui composent leur répertoire? Pourquoi, enfin, tant de personnes, prenant en dégoût un art qui, au lieu de plaisir, ne leur procure que peine et ennui, finissent-elles par y renoncer, en regrettant le temps qu'elles y ont consacré?

Tout cela tient, si nous ne nous trompons, à ce que les principes fondamentaux de la musique n'ont jamais été l'objet d'un enseignement méthodique et élémentaire dans les livres qui devraient les enseigner, et à la manière dont l'enseignement musical est pratiqué. D'ailleurs, comme nous sommes en état de suspicion légitime, nous pouvons appuyer notre opinion sur celle du dictionnaire encyclopédique, où nous lisons (art. Musique): *La musique est peut-être de tous les beaux-arts le seul dont les premiers principes ne soient pas encore développés d'une manière claire et méthodique à la portée des commençants*, etc.; — sur celle de Galin (1), qui a dit que *l'enseignement de la musique était vicieux sous tous les rapports*, et que les *solféges étaient de simples recueils qui ne présentent que de la musique à lire;* et, enfin, sur celle de MM. Escudier frères, qui disent (2) que *la musique est, de tous les beaux-arts, celui sur lequel on a le plus disserté sans s'entendre. C'est aussi celui qui a donné lieu au plus grand nombre de théories et de systèmes. L'incertitude que ces diverses opinions et ces jugements contradictoires ont jetée dans les esprits est, sans contredit, une des principales causes des obstacles qui ont longtemps arrêté le progrès de l'art musical.*

En effet, que voyons-nous dans les méthodes et dans l'enseignement musical? Beaucoup de pratique et pas de raisonnement; comme si l'art ne dépendait pas d'une science. Généralement on apprend en musique des *mots*, et non des *choses* (idées). Uniquement

---

(1) Exposition d'une nouvelle méthode pour l'enseignement de la musique, 1818.

(2) Dictionnaire de musique, 1844.

occupé de l'exécution, on se borne au simple énoncé de quelques faits généraux dont l'esprit ne peut saisir l'enchaînement; et, négligeant ainsi la science pour la partie mécanique de l'art, on a perdu l'habitude de remonter des effets aux causes.

La musique n'est pas un art de routine, comme on serait tenté de le croire, en voyant que dans l'enseignement on n'en fait généralement qu'une affaire de gymnastique de doigts ou de gosier, ainsi que nous venons de le remarquer. Elle est aussi une science qui vaut la peine d'être méditée, et dont l'action sur l'esprit et le jugement des élèves serait au moins *comparable* à celle des études classiques; car, comme la grammaire, comme les sciences, elle repose sur des principes positifs, faciles à saisir, et qui satisfont l'esprit par leur enchaînement. Mais, pour cela, il faudrait que son enseignement fût philosophique comme celui des autres sciences; il faudrait que tous les faits qui la constituent fussent rattachés à des principes fondamentaux par des démonstrations rigoureuses; il faudrait que l'on renonçât à l'habitude de considérer les études théoriques comme en dehors des études pratiques. Le premier pas à faire, c'est de les mener de front; car, se prêtant un mutuel appui, nous les croyons inséparables. Nous sommes étonné, aujourd'hui que l'on s'attache à faire pénétrer les méthodes philosophiques jusque dans l'enseignement primaire; nous sommes étonné, disons-nous, qu'on n'ait pas encore eu l'idée d'appliquer à l'étude de la musique les procédés et les formes rationnelles des sciences exactes. D'ailleurs, il est incontestable que dans toute science, si l'on veut marcher d'un pas assuré, l'on doit commencer par bien se pénétrer des principes sur lesquels elle s'appuie, et d'où découlent tous les faits particuliers.

Il nous est pénible de déclarer ici que nous n'avons rien trouvé de satisfaisant sur ces principes dans les livres qui en traitent; nulle part nous ne les avons vus énoncés d'une manière intelligible et rationnelle : les uns les confondent, d'autres les laissent entièrement de côté, d'autres enfin semblent avoir pris à tâche de les envelopper d'un voile impénétrable, comme pour les rendre inaccessibles au vulgaire. Cependant, hâtons-nous de le dire, dans ces derniers temps, des musiciens instruits et d'un mérite réel ont, par de louables essais dans l'enseignement, fait faire de grands progrès à la musique pratique en France. Sans doute, c'est un grand pas de fait; mais il y a encore loin de l'exécution mécanique à l'intelligence musicale, de l'art à la science. Celle-ci est restée à peu près stationnaire; et la preuve, c'est que dans les meilleures méthodes elle est encore difficile, compliquée et obscure. Quoi qu'il en soit, il est constant que jusqu'à présent on n'est pas encore arrivé, par les moyens ordinaires, à vulgariser la musique, à l'enseigner scientifiquement aux masses. Concluons donc que l'enseignement de la musique vocale, tel qu'il est distribué aujourd'hui, reposant sur une théorie au moins imparfaite, sinon nulle, est entaché d'un vice radical, qui est une des causes premières de son insuccès chez le plus grand nombre.

Mais, nous dira-t-on, si les anciennes méthodes sont frappées d'impuissance pour l'enseignement scientifique de la musique, c'est donc une méthode meilleure, une théorie nouvelle qu'il faut créer? Non; car elle existe. Il y a déjà plus de trente ans, qu'un homme d'un esprit aussi profond que judicieux, Pierre Galin, en a formulé et démontré les principes avec une rigueur mathématique dans son ouvrage précité; ses successeurs les ont développés et propagés. Malheureusement, Galin et tous ses disciples emploient une notation particulière qui, malgré le mérite incontestable de leurs ouvrages, les écartera toujours de l'enseignement usuel. D'ailleurs, ces livres, que nous avons consultés avec fruit, s'adressent plutôt au professeur qu'à l'élève. Ce qui reste donc à créer, c'est un *Traité élémentaire de Musique vocale,* basé sur les principes démontrés par Galin, et dans lequel la pratique soit appuyée par une théorie claire et précise, parlant à l'intelligence.

Combler cette lacune dans l'enseignement d'un art si généralement apprécié, et en même temps si mal compris, tel est le but que nous nous sommes proposé. Toutefois, nous ne nous dissimulons pas combien il est difficile de faire un bon livre élémentaire; mais, par les connaissances que nous avons acquises de ce qui constitue la musique, en faisant de nombreuses recherches et de longues réflexions sur les principes de l'art et les procédés d'enseignement, nous croyons ne pas trop présumer de nos forces en nous imposant cette lourde tâche, et, ainsi muni des conquêtes du passé et de notre propre expérience, avoir quelque titre à la confiance du public. Il est d'ailleurs bien reconnu qu'un bon traité élémentaire sur une science quelconque sera plutôt l'œuvre de celui qui s'occupe constamment des éléments de cette science, que de celui dont l'esprit élevé ne se plaît que dans les questions transcendantes.

Maintenant que nous avons fait connaître au lecteur les motifs déterminants qui nous ont fait publier ce traité, nous allons lui donner un aperçu rapide de la disposition générale de notre ouvrage et des études progressives qu'il renferme. Disons d'abord que nous n'apportons aucun changement ni aux caractères usités dans la notation ordinaire, ni à leur emploi. Nous tâcherons seulement de les débrouiller, de les classer et de leur affecter des dénominations plus intelligibles, afin d'en faciliter l'étude et la lecture. Contrairement à l'habitude prise, nous mènerons de front les études théoriques et les études pratiques; et, nous rappelant toujours que nous écrivons pour ceux qui *ne savent pas,* nous tâcherons d'exposer les principes de l'art le plus clairement possible, en nous attachant surtout à être simple et concis.

L'expérience dans l'enseignement nous a démontré que les élèves ne peuvent facilement vaincre plusieurs difficultés *à la fois;* nous les isolerons donc en ne les présentant à leur esprit qu'*une à une.* Or, la musique étant composée de deux éléments principaux, l'*intonation* et la *mesure,* essentiellement distincts, nous diviserons également notre travail en deux parties, dans lesquelles nous ferons une étude *théorique* et *pratique* séparée de chaque élément, ainsi que des signes qui servent à le représenter. Cette division nous paraît d'autant plus naturelle et plus logique, qu'elle nous permet de ne jamais nous occuper que d'*une chose à la fois*, procédant toujours du connu à l'inconnu, du simple au composé, conditions essentielles d'un enseignement méthodique et élémentaire.

En outre, nous subdiviserons chaque partie en différentes sections, afin de pouvoir alterner progressivement les études d'intonation avec celles de la mesure, et réunir les deux dans des solféges d'application, sitôt que l'une ne sera plus une entrave pour l'autre. Quant au troisième attribut des sons, l'*accent* (mot qui se trouve pour mention dans les méthodes), qui constitue l'expression en musique, nous le traiterons en même temps que les deux premiers, auxquels il est intimement lié. Nous terminerons par une série de solféges à une ou plusieurs voix, qui seront comme le résumé pratique de toutes les études antérieures. Et, comme appendice, nous ajouterons un court exposé de la théorie et de la pratique du *plain-chant*, spécialement à l'usage des instituteurs de la campagne, qui sont en même temps les chantres de leurs paroisses.

En livrant ce travail à la publicité, nous n'avons pas eu l'intention de présenter un nouveau système musical; notre but, plus élevé, plus téméraire peut-être, a été de frayer une route nouvelle, plus courte et plus facile, pour rendre l'étude de la musique accessible au plus grand nombre. Ecrivant spécialement en vue de ceux qui *ne savent pas*, nous avons cherché à tout simplifier, en analysant tous les faits et en en rendant compte; car, dans une science où toutes les propositions se lient, s'enchaînent, sont la conséquence l'une de l'autre, on ne doit s'adresser à la mémoire que lorsque le raisonnement est impossible.

Nous croyons donc à la fois satisfaire à un besoin de l'époque et rendre service aux professeurs de solfége, aux instituteurs primaires et aux élèves, en leur offrant dans ce traité un guide sûr et un moyen facile pour apprendre un art qui exerce une si heureuse influence sur le moral et le bien-être de l'homme, en même temps qu'il est pour lui la source des jouissances les plus vives et les plus pures.

COURS ÉLÉMENTAIRE

THÉORIQUE ET PRATIQUE DE

MUSIQUE VOCALE.

Les cœurs sont bien près de s'entendre,
Quand les voix ont fraternisé.
BÉRANGER. (*Lettre à Wilhem.*)

INTRODUCTION.

NOTIONS PRÉLIMINAIRES.

1. La MUSIQUE, dont l'objet est d'émouvoir l'âme et d'en exprimer les diverses affections, est l'art de combiner les sons dans un ordre successif et simultané sous le triple rapport de leur INTONATION, de leur DURÉE et de leur INTENSITÉ (accent).

2. Les sons, considérés sous le rapport des trois qualités principales par lesquelles ils agissent sur nous, forment donc l'élément constitutif de la musique.

3. Il y a une infinité de sons possibles entre le plus grave (bas) d'une voix d'homme et le plus aigu (élevé) d'une voix de femme. Mais en les coordonnant d'une manière régulière, on a remarqué qu'au delà des *sept* premiers, rangés dans un certain ordre, les autres n'étaient que la répétition des premiers dans le même ordre, à une certaine distance qu'on a appelée *octave* (huitième).

4. On distingue donc en musique *sept sons principaux ou primitifs*, que l'on nomme, en commençant par le plus grave : *do, ré, mi, fa, sol, la, si.*

5. Cette série de sons primitifs, que l'on peut considérer comme les lettres de la langue des sons, constitue l'*alphabet musical.*

6. La suite des sept sons musicaux, auxquels on ajoute l'octave aiguë *do*, produit la *gamme*

diatonique ou l'*échelle des sons*, qui est à la fois la règle de l'ordre de succession normale des sons et la mesure des distances qui les séparent.

7. Les huit sons de la gamme diatonique ne sont pas tous à une égale distance les uns des autres.

8. La différence d'intonation qui existe entre deux sons consécutifs de cette gamme, se désigne sous le nom d'*intervalle diatonique* ou de *seconde*.

9. Parmi les sept intervalles diatoniques qui séparent les huit sons de la gamme, il y en a deux plus petits que les cinq autres; les plus grands se nomment *tons* ou *secondes majeures*, et les plus petits, qui sont moitié moins grands, se nomment *demi-tons* ou *secondes mineures*.

10. La gamme diatonique est donc une succession de cinq tons et deux demi-tons, ou de cinq secondes majeures et deux secondes mineures, disposées dans l'ordre suivant :

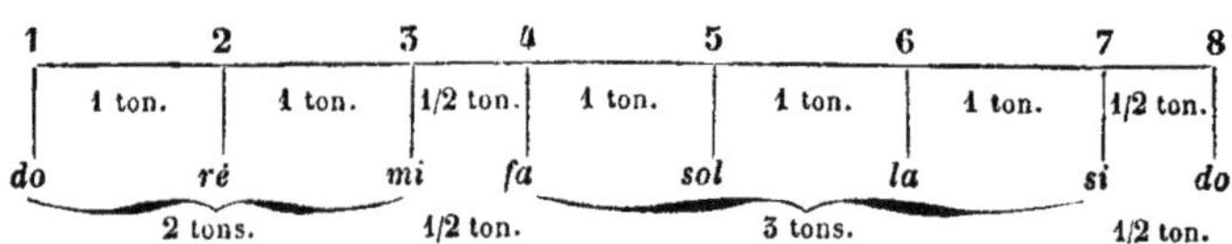

11. Les *demi-tons* se trouvent du 3e au 4e degré et du 7e au 8e, et les *tons* entre les autres degrés ; ce qui donne, en résumé, une succession de 2 tons, 1 demi-ton, 3 tons et 1 demi-ton.

12. La *gamme-modèle* ci-dessus, qui est l'expression du principe mélodique, sert de base à l'intonation dans notre système musical.

13. La musique étant considérée comme un langage particulier, il a fallu aussi un alphabet particulier, qui pût représenter et peindre à nos yeux la variété et les attributs (qualités) des sons dont on se sert pour exprimer les pensées musicales.

14. La collection des signes de cet alphabet constitue ce qu'on appelle l'*écriture musicale* ou la *notation*.

15. Ces signes, devant représenter les sons dans leurs trois principaux attributs, se divisent naturellement en trois espèces, savoir :

1° En *signes d'intonation;*

2° En *signes de durée;*

3° En *signes d'intensité.*

16. Tous ces signes se disposent sur une échelle composée de cinq lignes noires et parallèles, séparées par quatre lignes blanches ou interlignes, et dont l'ensemble prend le nom de *Portée musicale*. Voici la figure de cette portée avec un numéro d'ordre pour chacune de ces 5 lignes, qui se comptent de bas en haut :

PORTÉE. 5 4 3 2 1

INTONATION.

PREMIÈRE SECTION.

CHAPITRE PREMIER.

Signes d'intonation. — Lecture des notes avec et préparation vocale.

17. Les signes d'intonation sont des points noirs ( ) appelés *notes*, que l'on place sur les lignes et dans les interlignes de la portée pour indiquer le degré d'élévation ou d'abaissement comparatif des sons qu'ils représentent.

Ex.:

On tourne les queues des notes en haut et en bas, afin qu'elles sortent moins de la portée.

18. Les notes sont donc les signes visibles et particuliers des sons.

19. Les cinq lignes de la portée ne suffisant pas toujours pour écrire tous les sons que l'on emploie dans un air, on ajoute au-dessus et au-dessous de la portée, selon le besoin, de petites lignes *supplémentaires*, qui permettent d'écrire autant de sons qu'on le désire.

Ex.:

20. Pour donner un nom et une intonation aux notes sur la portée, il suffit de déterminer la place (la ligne) de l'une d'elles, toutes les autres notes tirant leur nom de ce point de comparaison. Or, on est convenu de désigner la ligne de l'une des trois principales notes de la gamme (*do, fa, sol*), et l'usage a consacré, à cet effet, les trois signes suivants, que l'on nomme *clefs*, et que l'on place au commencement de la portée :

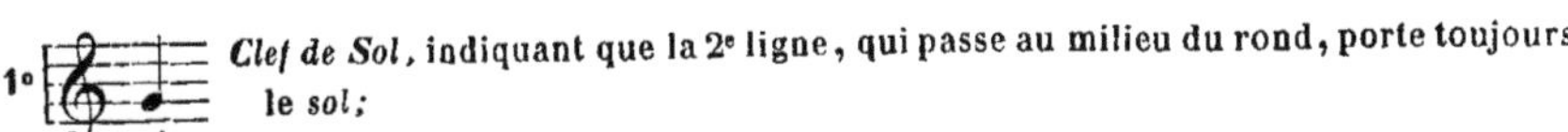

1° *Clef de Sol*, indiquant que la 2e ligne, qui passe au milieu du rond, porte toujours le *sol*;

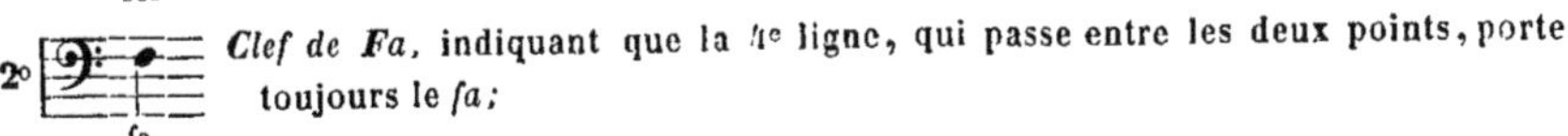

2° *Clef de Fa*, indiquant que la 4e ligne, qui passe entre les deux points, porte toujours le *fa*;

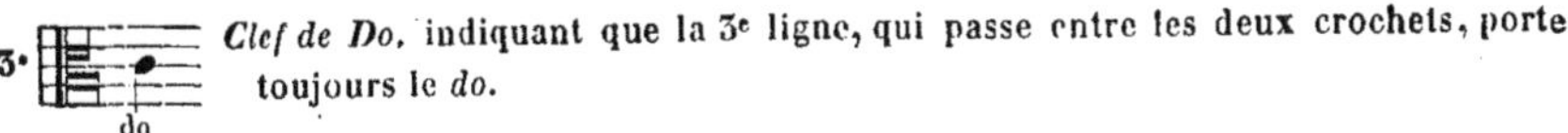

3° *Clef de Do*, indiquant que la 3e ligne, qui passe entre les deux crochets, porte toujours le *do*.

(Nous reviendrons sur ce sujet, et nous en donnerons les raisons, quand nous traiterons des voix.)

21. De ce qui précède, il résulte que, pour écrire un air, après avoir armé la portée de l'une des trois clefs, on met une note sur chacune des lignes qui doivent représenter les sons de l'air que l'on veut écrire.

Ainsi, pour transcrire la gamme diatonique en montant et en descendant sur la portée avec  nous la figurons comme ci-après :

Règles pratiques pour apprendre à lire les notes sur la portée avec toutes les clefs.

1° La ligne du DO se trouve au moyen de la clef, en remarquant toutefois que cette note ne peut occuper qu'une *ligne* ou un *interligne* sur la portée.

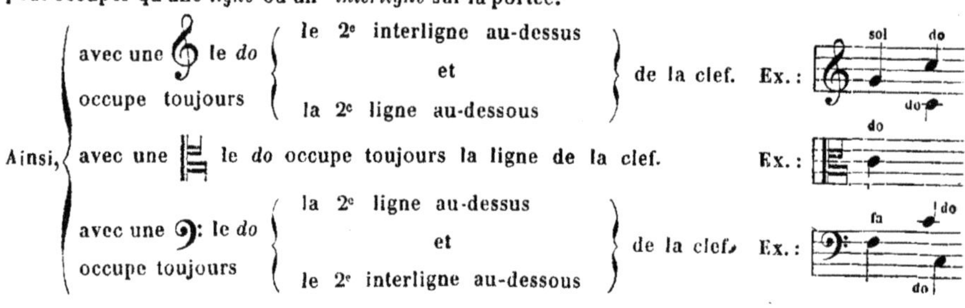

2° Lorsque le DO occupe

- une *ligne*, { les lignes au-dessus / les lignes au-dessous } portent / les notes { *mi, sol, si* / *la, fa, ré* } Ex.: do mi sol si — do la fa ré
- un *interligne*, { les interlignes au-dessus / les interlignes au-dessous } portent / les notes { *mi, sol, si* / *la, fa, ré* } Ex.: do mi sol si — do la fa ré

Donc, { en *montant*, / en *descendant* } les notes { *mi sol si* / *la fa ré* } se trouvent sur des lignes semblables à celles du *do*.

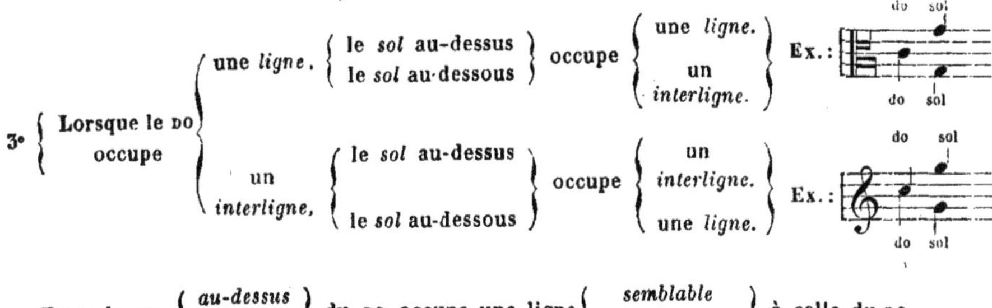

3° Lorsque le DO occupe
- une *ligne*, { le *sol* au-dessus / le *sol* au-dessous } occupe { une *ligne*. / un *interligne*. } Ex.:
- un *interligne*, { le *sol* au-dessus / le *sol* au-dessous } occupe { un *interligne*. / une *ligne*. } Ex.:

Donc le SOL { *au-dessus* / *au-dessous* } du DO occupe une ligne { *semblable* / *dissemblable* } à celle du DO.

4° Deux notes qui se suivent, en montant ou en descendant d'une *ligne* à son *interligne supérieur* ou *inférieur*, et réciproquement, forment un intervalle diatonique, et portent deux noms consécutifs de la gamme.

Ex.: 

5° Deux gammes consécutives reposent toujours sur des lignes de couleur différente; donc, si une note de la gamme *inférieure* occupe une *ligne*, son octave *supérieure* occupera un *interligne*, et réciproquement.

Ex.: 

6° La manière la plus simple pour étudier les notes sur une clef quelconque, c'est de s'appliquer d'abord à connaître celles qui occupent les 5 *lignes* de la portée; ensuite on passera à celles qui sont dans les *interlignes*.

NOTA. — Les élèves, après les avoir apprises par cœur, appliqueront les règles ci-dessus dans un exercice de lecture des notes sur une clef quelconque, que le professeur écrira avant chaque leçon sur le tableau noir.

En outre, rien n'étant plus propre à faire retenir la position de chaque note sur la portée, que de les écrire soi-même, nous conseillons aux professeurs de faire suivre cet exercice de lecture d'une petite dictée de notes sur la clef avec laquelle ils voudront plus particulièrement familiariser les élèves. Ces sortes de dictées sont d'une grande utilité; en même temps qu'elles habituent les élèves à écrire la musique, elles abrégent le temps qu'on demeure ordinairement pour apprendre à lire couramment les notes sur la portée.

Avant d'aborder les études d'intonation proprement dite, nous allons donner quelques exercices de lecture courante des notes sur la clef de SOL, qui serviront également de préparation vocale.

Exercices de lecture courante avec clef de Sol, et de préparation vocale.

22. Chanter les sons de la gamme en prononçant leurs noms respectifs : *do, ré, mi, fa,* etc., cela s'appelle *solfier*, mot qui vient de *sol, fa*.

La *solmisation* est l'action de solfier.

Après avoir fait une simple lecture de ces exercices, on les solfiera lentement, en répétant chacun d'eux plusieurs fois de suite, et en s'écoutant chanter avec la plus grande attention.

Pour faciliter la lecture de ces exercices, nous les faisons précéder d'une *portée-guide*, avec le nom sous chaque note.

11.

12.

do mi

fa

13.

fa

14.

fa

15.

si

16.

17.

la si

18.

do

19.

CHAPITRE DEUXIÈME.

Des Intervalles ou des Rapports des Sons.

23. L'*intervalle musical* est la différence d'intonation qui existe entre deux sons que l'on compare; c'est la distance qui sépare un son donné d'un autre son plus aigu ou plus grave.

Il exprime donc le rapport entre deux sons quelconques, relativement à la distance qui les sépare.

24. D'où il suit qu'il y a autant d'intervalles en musique que notre oreille peut distinguer de sons différents depuis le plus grave au plus aigu, ou depuis le plus aigu au plus grave.

25. Or, nous savons que l'échelle générale des sons est le produit de la superposition successive de notre gamme diatonique à elle-même, et que la même série des 7 noms *do, ré, mi, fa, sol, la, si,* répétés indéfiniment et dans le même ordre, sert à désigner tous les sons. Donc, si nous écrivons *successivement et dans leur ordre normal* tous les noms, soit en montant, soit en descendant, à côté du DO pris pour point de départ, nous aurons la progression de tous les intervalles qui séparent le *premier son* du deuxième, du troisième, du quatrième, etc., ainsi que l'indique la figure suivante, dans laquelle nous avons mis un numéro d'ordre à côté de chaque nom :

(Lisez en montant.)	(Lisez en descendant.)
1 DO——————————FA 11 etc...	1 DO——SI 2
1 DO—————————MI 10	1 DO———LA 3
1 DO————————RÉ 9	1 DO————SOL 4
1 DO———————DO 8	1 DO—————FA 5
1 DO——————SI 7	1 DO——————MI 6
1 DO—————LA 6	1 DO———————RÉ 7
1 DO————SOL 5	1 DO————————DO 8
1 DO———FA 4	1 DO—————————SI 9
1 DO——MI 3	1 DO——————————LA 10
1 DO—RÉ 2	1 DO———————————SOL 11 etc...

26. Les intervalles tirent leur nom du chiffre qui indique le rang de la note supérieure.

Ainsi, d'après le tableau précédent, on nomme intervalle de		la distance qui sépare le		
	SECONDE		DO du RÉ	(1 de 2)
	TIERCE		DO — MI	(1 — 3)
	QUARTE		DO — FA	(1 — 4)
	QUINTE		DO — SOL	(1 — 5)
	SIXTE		DO — LA	(1 — 6)
	SEPTIÈME		DO — SI	(1 — 7)
	OCTAVE		DO — DO	(1 — 8)
	NEUVIÈME		DO — RÉ	(1 — 9)
	DIXIÈME		DO — MI	(1 — 10)
	ONZIÈME		DO — FA	(1 — 11)
	etc.			

27. Dans la mesure d'un intervalle, on prend toujours le son le plus grave comme point de départ; et c'est la distance de ce son au plus élevé qui donne son nom à l'intervalle.

28. Pour éviter toute équivoque dans l'appellation des intervalles, on est convenu, à moins d'avis contraire, de considérer le premier son nommé comme *son grave*, et le second comme *son aigu*.

Ainsi, en appelant { MI-SOL, / SOL-MI, } le premier son nommé { MI / SOL } est grave, et le second { SOL / MI } est aigu.

Donc { MI-SOL / SOL-MI } forme un intervalle de { TIERCE, / SIXTE, } parce qu'on est convenu de compter les notes des intervalles dans leur ordre ascendant, en prenant pour *son grave* le premier son nommé.

29. Les intervalles exprimant la distance, le rapport entre deux sons quelconques (23) ([1]), et cette distance, ce rapport pouvant varier à l'infini (24), il s'ensuit qu'on ne peut se former une idée absolue de leur grandeur (étendue), mais seulement une idée relative. A cet effet, on a choisi un *intervalle-type* pour servir de terme de comparaison, de mesure commune à tous les autres. Or, cet intervalle auquel on rapporte ainsi tous les autres et qu'on appelle, pour cette raison, UNITÉ DE MESURE ou simplement UNITÉ, ne peut exister que dans l'air-type, la gamme qui sert de base à notre système musical : donc l'intervalle de *seconde*, qui sépare deux sons consécutifs de cette gamme (8, 25, 26), est l'*unité constitutive* de tous les intervalles ; c'est d'ailleurs aussi le plus petit intervalle possible admis dans notre musique.

30. La connaissance approfondie des intervalles étant, à notre avis, la clef de la voûte, et bien que nous en ayons déjà donné une idée générale, nous allons en faire une analyse succincte, mais raisonnée, et examiner comment on a pu les former et les exprimer avec un système limité de mots.

Formation ou Numération des Intervalles.

31. Pour former les intervalles, ce qu'il y a de plus simple, c'est de concevoir qu'on ajoute une *unité*, c'est-à-dire un intervalle de *seconde* (29) à une autre, puis une autre à la réunion des précédentes, et ainsi de suite. Il y a donc une infinité d'intervalles, puisqu'il est toujours possible d'ajouter une *seconde* à un intervalle déjà formé, quelque grand qu'il soit (25). Par conséquent, pour ne pas surcharger la mémoire d'une trop grande multiplicité de noms, on a dû chercher à assujettir la nomenclature des intervalles à une forme régulière et périodique. L'intervalle-type ou l'*unité*, formé par deux notes diatoniques, ayant fait naître l'idée de la dénomination numérique de *seconde*, on est convenu d'appeler *tierce* l'intervalle que l'on forme par l'addition d'une unité, et qui se compose ainsi de trois notes diatoniques. Celui qui provient de l'addition d'une nouvelle unité se nomme *quarte* ; et, en ajoutant ainsi toujours une unité, on obtient successivement les intervalles de *quinte*, de *sixte*, de *septième*, d'*octave*, de *neuvième*, de *dixième*, etc.

Ainsi, en ajoutant à l'intervalle de	SECONDE, *do — ré*.	l'UNITÉ, c'est-à-dire la *seconde*,	*ré — mi*,	on forme la	TIERCE, *do — mi*.
	TIERCE, *do — mi*.		*mi — fa*,		QUARTE, *do — fa*.
	QUARTE, *do — fa*.		*fa — sol*.		QUINTE, *do — sol*.
	QUINTE, *do — sol*,		*sol — la*,		SIXTE, *do — la*.
	SIXTE, *do — la*,		*la — si*,		SEPTIÈME, *do — si*.
	etc.				

32. Mais, comme il n'y a en musique que sept notes qui se répètent périodiquement à distance d'octave (3), il est évident que les intervalles qui sortent des bornes de l'octave ne sont que la répétition à *une*, *deux*, *trois* octaves supérieures, etc... de ceux qui sont contenus dans la première octave. Ainsi, de même que l'octave est la répétition de la première, la neuvième est la répétition de la seconde, la dixième, de la tierce, et ainsi de suite jusqu'à la quinzième, qui termine les intervalles de la deuxième octave, en même temps qu'elle commence ceux de la

(1) Les numéros entre parenthèses ( ) renvoient aux alinéas sur lesquels la mémoire pourrait être en défaut.

troisième. De là la distinction de leurs dénominations en différentes séries, suivant leurs octaves respectives. C'est ainsi qu'on a pu nommer *intervalles simples*, ceux qui ne dépassent pas l'octave; *intervalles redoublés*, la répétition des premiers à la seconde octave; *intervalles triplés*, la répétition des premiers à la troisième octave, et ainsi de suite.

Des Intervalles simples.

33. Les intervalles simples, étant renfermés dans les limites de l'octave (32), ne peuvent être qu'au nombre de sept, ce sont: la *seconde*, la *tierce*, la *quarte*, la *quinte*, la *sixte*, la *septième* et l'*octave*.

34. En outre, les intervalles exprimant la distance entre deux sons quelconques (23), il est évident qu'on peut prendre indistinctement pour point de départ chacune des sept notes de la gamme, et par conséquent, former sur chacune d'elles la série des sept intervalles simples, ce qui donne dans une gamme autant d'intervalles de chaque espèce qu'elle contient de notes, c'est-à-dire *sept*. Rendons plus sensible la vérité de ce fait important, en construisant le

TABLEAU SYNOPTIQUE DE TOUS LES INTERVALLES SIMPLES

Contenus dans notre gamme.

(Lisez ce tableau en commençant par le bas.) *

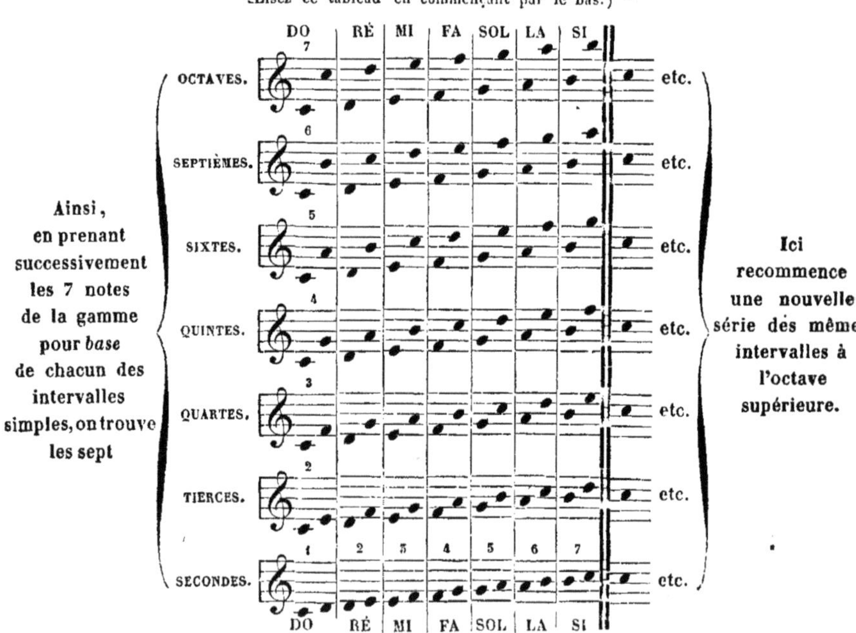

* Les lignes horizontales nous montrent les *sept* intervalles de la même espèce sur chacune des

notes de la gamme, et les colonnes verticales, les *sept* intervalles simples pratiqués successivement à partir de chacune des 7 notes de la gamme, ainsi que l'indiquent les colonnes (verticale et horizontale) des chiffres 1, 2, 3, 4, 5, 6 et 7.

Nota. — L'appréciation exacte et rapide des intervalles étant très-importante pour la lecture courante de la musique, et surtout pour la transposition sur toutes les clefs (où l'on voit plutôt des intervalles que des noms de notes), le professeur y exercera ses élèves par des *dictées parlées*, jusqu'à ce qu'ils les sachent imperturbablement.

Pour ces dictées on appelle deux notes quelconques, et l'élève, pour trouver l'intervalle qu'elles forment, compte sur ses doigts le nombre de notes qu'il y a depuis la plus grave jusqu'à la plus aiguë inclusivement. *Ex. :* Quel est l'intervalle RÉ-LA? En comptant sur ses doigts, on trouve *cinq* notes du RÉ au LA; donc RÉ-LA forme un intervalle de *quinte*, etc.

Des Intervalles multiples ou redoublés.

35. Nous savons déjà que par opposition aux intervalles simples, on appelle intervalles *multiples* ou *redoublés* tous ceux qui dépassent les limites de l'octave (32), et que, de même que les premiers, ils portent des dénominations numériques (26, 31) tirées du nombre de notes qu'ils embrassent.

Nous savons également que les intervalles *multiples* ne sont autre chose que des intervalles simples dont la note aiguë a été portée à *une* ou *plusieurs* octaves supérieures (32), et que par conséquent, un intervalle multiple devient un intervalle simple en rapprochant les deux notes dans la même octave, de même qu'un intervalle simple devient réciproquement un intervalle multiple en portant la note supérieure à une ou plusieurs octaves plus haut.

Enfin, nous savons que l'échelle générale des sons est formée par une série de sept notes qui se répète périodiquement à distance d'octave (3).

36. Concluons de là ces deux règles pratiques :

1° *Pour trouver le nombre dénominatif d'un intervalle multiple, il faut ajouter le nombre 7 à la valeur numérique de l'intervalle simple que formeraient les deux notes rapprochées.*

Soient proposés les intervalles : 1) 2) 3)

A leurs intervalles simples { 1) *do - mi*, 2) *mi - la*, 3) *ré - do* }, exprimés par les valeurs numériques { 3, 4, 7 },

ajoutons 7, nombre de notes nécessaires pour arriver aux octaves aiguës de { *mi*, *la*, *do* }, et nous

aurons { 3 + 7 = 10, 4 + 7 = 11, 7 + 7 = 14 }; donc l'intervalle { 1) DO - MI, 2) MI - LA, 3) RÉ - DO } aigu est une { DIXIÈME, ONZIÈME, QUATORZIÈME. }

2° *Pour trouver l'intervalle simple d'un multiple, il faut retrancher le nombre 7 autant de fois qu'il est contenu dans la valeur numérique de l'intervalle multiple; s'il ne reste rien, c'est une septième.*

Ainsi l'intervalle simple d'une { NEUVIÈME, QUATORZIÈME, DIX-SEPTIÈME } est une { SECONDE, SEPTIÈME, TIERCE, } puisque { $9 - 7 = 2$, $14 - 7 - 7 = 0$, $17 - 7 - 7 = 3$ }

37. D'où il suit qu'on dit indistinctement une { NEUVIÈME, DIXIÈME, ONZIÈME, etc. } ou une { SECONDE, TIERCE, QUARTE } redoublée.
etc. ....

38. Nommez les intervalles ci-après, en indiquant leurs qualités de *simples* ou de *redoublés*, et en convertissant les simples en redoublés, et réciproquement les redoublés en simples.

CHAPITRE TROISIÈME.

DES PRINCIPES D'INTONATION, OU DES DIFFÉRENTES PROPRIÉTÉS DES NOTES DE LA GAMME, CONSIDÉRÉES DANS LEUR DÉTERMINATION DE LA TONALITÉ, BASE DE L'INTONATION.

39. Il y a dans la gamme une note prédominante, à laquelle toutes les autres sont subordonnées. Cette note, la plus importante de toutes, c'est la première de la gamme : on l'a nommée TONIQUE ou FONDAMENTALE, parce qu'elle donne le TON à toute la gamme dont elle est la base ; c'est-à-dire que toutes les autres notes se mesurent, se règlent sur elle.

En effet, chaque son de la gamme, remplissant une fonction spéciale dans la musique, tient de la tonique une propriété particulière et distinctive qui n'appartient qu'à lui, et qui ne permet pas de le confondre avec une autre note. L'ensemble de ces propriétés, qui est comme le total de la gamme déterminée par la tonique, constitue ce qu'on appelle la TONALITÉ (1). Et c'est le sentiment de la tonalité qui rend notre oreille capable d'apprécier avec justesse l'intonation que la tonique assigne à chacun des degrés de la gamme.

40. Toutes les notes de la gamme n'affectent pas l'oreille de la même manière : quelques-unes se distinguent par un certain caractère de repos, de sens fini ; quelques autres, par l'absence de ce caractère ; d'autres enfin, par leurs affinités vers d'autres notes.

C'est dans ces trois propriétés caractéristiques, réparties entre toutes les notes de la gamme, que résident les lois immuables et mystérieuses qui régissent la tonalité, la musique tout entière, et assignent ainsi à chaque note une intonation conforme à sa destination.

41. L'intonation étant régie par les propriétés qui caractérisent diversement les éléments de la gamme, il est donc très-important de bien les connaître et les sentir. A cet effet, nous allons faire

(1) Nous traiterons ce sujet en temps et lieu avec tous les détails qu'il comporte.

une étude spéciale et raisonnée des sept notes de la gamme, en examinant lequel de ces trois caractères se fait remarquer dans chacune d'elles, et les classer suivant leur importance.

De la première note de la gamme, appelée TONIQUE.

42. Nous savons déjà que la première note de la gamme se nomme TONIQUE. C'est la seule qui donne le sentiment du repos absolu, du sens fini. Tout chant doit finir par elle; car, s'il finissait par une autre note, l'oreille ne serait pas satisfaite.

Essayez de la terminer à la note SI, en montant, ou au RÉ, en descendant, et vous sentirez que l'oreille ne peut admettre un repos ni sur *si*, ni sur *ré*, et qu'elle demande un terme de plus pour compléter le sens et former un repos sur la tonique.

De la cinquième note de la gamme, appelée DOMINANTE.

43. Après la tonique, la cinquième note SOL est celle qui offre le repos le plus satisfaisant pour l'oreille. On lui a donné le nom de DOMINANTE, à cause de sa prédominance dans le chant, où elle revient souvent, et où elle établit un repos incident. Elle se mesure directement sur la tonique, à laquelle il faut penser en l'attaquant, soit en montant, soit en descendant. Cet intervalle est facile d'intonation.

44. Solfiez lentement et plusieurs fois de suite chacun des exercices suivants, propres à faire sentir le rapport entre la tonique et la dominante, ainsi que les propriétés caractéristiques de chacune de ces deux notes.

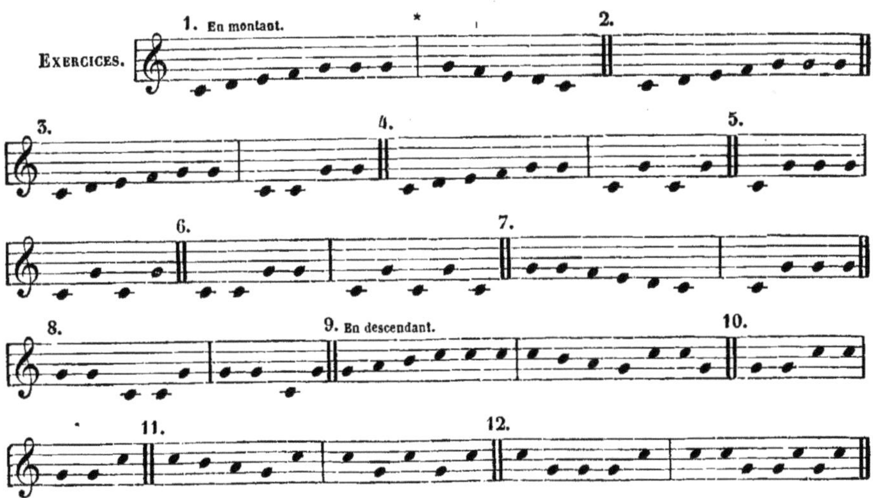

* Les barres simples indiquent les endroits où il faut respirer dans ces exercices, ainsi que dans tous ceux qui vont suivre; les doubles barres surmontées d'un numéro d'ordre en indiquent la fin.

45. La *tonique* et la *dominante,* qui sont les éléments constitutifs de la tonalité, ainsi que nous le démontrerons plus loin, peuvent être considérées comme les deux notes pivotales autour desquelles viennent se grouper toutes les autres propriétés de la gamme. Il est donc très-important de savoir bien les attaquer et de les avoir constamment dans l'oreille.

De la troisième note de la gamme, appelée MÉDIANTE.

46. Après la dominante *sol*, vient la troisième note MI, appelée MÉDIANTE, à cause de sa position centrale entre la tonique et la dominante. C'est à la fois la dernière et la moins satisfaisante des trois notes de repos de la gamme. On la mesure directement (en montant comme en descendant) sur la tonique qui se trouve au-dessous.

47. Si la *médiante* prend parfois le caractère de repos, elle n'a pas, comme la tonique et la dominante, la propriété de déterminer le ton; mais, réunie à ces deux dernières, sa qualité ajoute l'indication du mode à celle du ton, ainsi qu'il sera démontré en temps et lieu.

48. L'oreille admet la *simultanéité* de deux ou d'un plus grand nombre de sons, lorsqu'ils sont en relation harmonique et tonale. L'ensemble harmonieux qui résulte de l'agglomération de plusieurs sons, se désigne généralement sous le nom collectif d'ACCORD (1).

49. Les trois notes de repos de la gamme, la *tonique*, la *médiante* et la *dominante*, étant dans un parfait rapport harmonique et tonal entre elles, forment, par leurs combinaisons successives ou simultanées, l'accord de repos par excellence. On lui a donné le nom d'ACCORD PARFAIT, parce qu'il est le seul qui donne à la fois le sentiment du repos et la connaissance du ton et du mode.

(1) Dans un ouvrage de musique élémentaire, nous devons nous borner au simple énoncé de ces faits, attendu qu'ils sont plus particulièrement du domaine de l'harmonie.

Voilà pourquoi, avant de commencer un chant, on prélude par les trois notes de l'accord parfait pour établir le ton du morceau. Ex.:

50. S'il est vrai, ainsi que nous l'avons dit (39), que c'est le sentiment de la tonalité qui nous guide dans l'intonation des notes, il est évident que les exercices élémentaires d'une méthode rationnelle de chant doivent essentiellement tendre à développer et à fortifier ce sentiment.

A cet égard, nous ne connaissons point d'exercice plus utile et plus fécond en résultats que l'étude des intervalles constituants de l'accord parfait; car, en même temps qu'elle développe le sentiment de la tonique, elle habitue l'oreille aux principaux effets de l'harmonie: tout le succès d'une intonation sûre et correcte est là.

L'expérience nous permet d'ailleurs de l'affirmer sans crainte d'être démenti.

Une fois que l'élève sera bien sûr de l'intonation des notes de l'accord parfait, il trouvera facilement avec leur secours les notes qui leur sont intermédiaires; car, par rapport à leur position dans la gamme, les notes de l'accord peuvent être considérées comme autant de points de comparaison, de jalons placés à de certaines distances pour guider l'oreille dans l'intonation des différents intervalles.

51. Par conséquent, en raison du rôle important et spécial que remplit l'accord parfait dans la tonalité, base de l'intonation, nous allons, avant d'aller plus loin, donner quelques exercices propres à faire sentir le rapport harmonique et tonal qui existe entre ses éléments constituants.

Exercices sur les Intervalles constituants de l'accord parfait.

(1) Après avoir répété chacun de ces exercices plusieurs fois de suite, et lorsqu'on les saura bien tous, on les solfiera de suite.

11. 12.

13. 14. 15.

16. 17.

18. 19.

20. 21. 22. 23.

24. 25. 26.

27. 28.

29. 30.

De la Septième note de la gamme, appelée SENSIBLE.

52. La quatrième note en importance dans la gamme, est la septième SI, appelée SENSIBLE, parce qu'elle donne le pressentiment de la tonique, vers laquelle elle a une tendance attractive très-énergique. En raison de son affinité appellative vers la tonique, elle exclut toute idée de repos; car, ainsi que nous l'avons dit (42), plus on la prolonge, plus on sent le besoin de la résoudre sur la note placée immédiatement au-dessus. Elle se mesure directement sur la tonique, dont elle n'est séparée que par un demi-ton, et contre laquelle il faut la serrer.

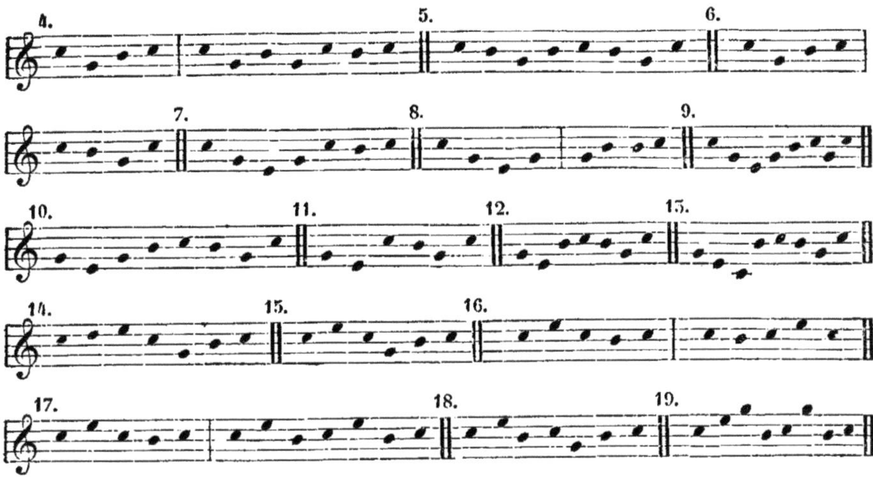

De la Quatrième note de la gamme, appelée SOUS-DOMINANTE.

53. Après la sensible SI, vient la quatrième note FA, appelée SOUS-DOMINANTE, parce qu'elle se trouve immédiatement au-dessous de la dominante. De même que la sensible, la sous-dominante a une tendance attractive, mais en sens inverse de la première; car elle est attirée par la médiante, dont elle n'est séparée que par un demi-ton. Elle se mesure sur la tonique, en montant comme en descendant; mais pour l'attaquer, il faut penser à la médiante, sur laquelle elle s'appuie. Cet intervalle étant assez difficile d'intonation en descendant, il faut bien se rappeler la manière de l'attaquer, et avoir toujours la médiante dans l'oreille.

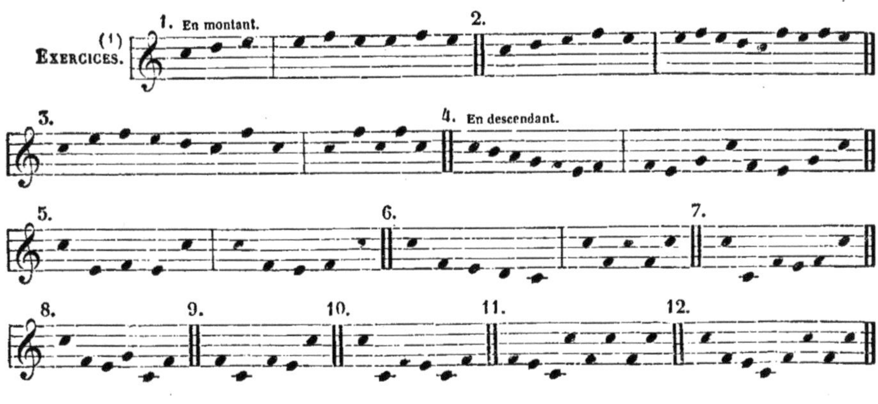

(1) Dans les exercices d'intonation en général, prenez toujours pour tonique un *son* qui permette aux élèves d'atteindre facilement aux notes extrêmes (tant *aiguës* que *graves*): c'est une recommandation que nous faisons une fois pour toutes.

54. Remarquons ici par anticipation que la *sous-dominante* et la *sensible*, dont les tendances attractives excluent absolument toute idée de repos, de conclusion, sont les *notes tonales* (¹) par excellence de la gamme.

En raison du rôle important que jouent ces deux notes dans la tonalité qu'elles caractérisent par leurs affinités naturelles, nous allons donner, en passant, quelques exercices propres à faire sentir le rapport attractif et tonal qui existe entre elles.

De la Deuxième note de la gamme, appelée SUS-TONIQUE.

55. Après la sous-dominante vient la deuxième note RÉ, appelée SUS-TONIQUE, à cause de sa position au-dessus de la tonique; mais le plus souvent on l'appelle tout simplement *deuxième*. Cette note n'a pas de propriété bien caractérisée; elle se mesure, en montant comme en descendant, directement sur la tonique, sur laquelle elle tend à descendre.

(¹) Ce sujet sera traité dans le chapitre des modulations.

De la Sixième note de la gamme, appelée SUS-DOMINANTE.

56. La sixième note LA est la dernière dont nous avons à examiner le caractère pour compléter notre analyse de la gamme. Elle est à peu près de la même importance que la sus-tonique; car, comme celle-ci, elle n'a point de propriété bien tranchée. On l'appelle SUS-DOMINANTE, en raison de sa position au-dessus de la dominante, ou tout simplement SIXIÈME. En descendant, elle se mesure directement sur la tonique; mais, pour l'attaquer plus facilement en montant, il faut penser à la dominante, sur laquelle elle tend à descendre.

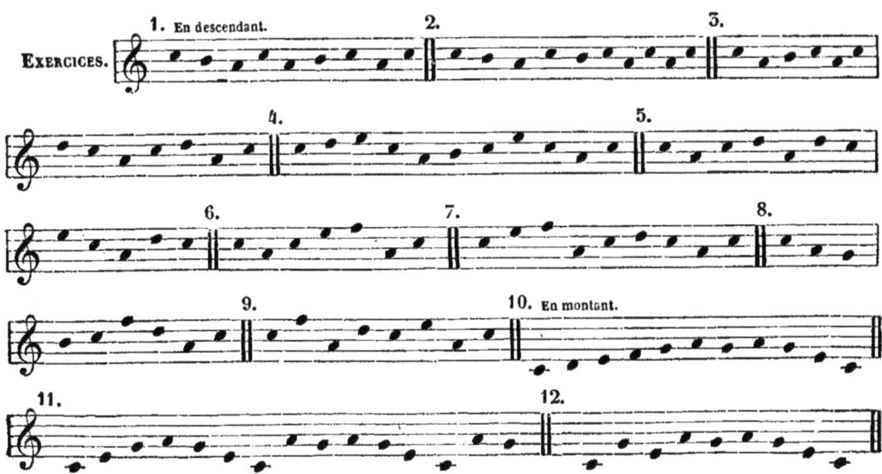

RÉSUMÉ ET CONCLUSION DE CE QUI PRÉCÈDE.

57. L'exposé analytique que nous venons de faire de la constitution tonale de la gamme nous démontre :

1° Qu'il y a dans la gamme une note principale qu'on nomme TONIQUE, et qui sert de point de départ, de mesure à toutes les autres;

2° Que cette *tonique*, qui peut représenter un son quelconque pris *arbitrairement*, détermine d'une manière fixe et *invariable* l'intonation *relative* de chacune des autres notes, ainsi que la place respective que chacune doit occuper dans la gamme dont elle est la base;

3° Que, par conséquent, la gamme est un air *invariable*, relativement aux intervalles qui en séparent les différentes notes, mais dont l'intonation est subordonnée au *son* qui sert de point de départ, de tonique;

4° Que chacune des notes de la gamme, en raison de sa *propriété particulière*, remplit une fonction spéciale dans la musique; et qu'on a donné à chacune d'elles un nom de propriété qui en indique le caractère mélodique ou harmonique, en même temps qu'il fait connaître la place qu'elle occupe et le rôle qu'elle remplit dans la gamme;

5° Que la gamme, dont toutes les notes sont ainsi dans un rapport déterminé et invariable avec la tonique, est la formule tonale qui règle la relation et les affinités des sons, ainsi que l'ordre hiérarchique dans lequel ils doivent se suivre;

58. D'OU NOUS POUVONS CONCLURE :

Que la gamme est la *base* de toute musique;

Que le caractère de nécessités alternatives de repos et d'attraction qui résulte des différentes propriétés de ses notes constitutives renferme les conditions qui déterminent la TONALITÉ;

Enfin, que la TONALITÉ réside dans les affinités mélodiques et harmoniques qui résultent de la constitution tonale de la gamme.

Donc, ainsi que nous l'avons dit, la tonalité est cette loi mystérieuse qui régit les rapports et l'intonation des sons, et vient confondre dans une même UNITÉ toutes les combinaisons successives et simultanées que l'on peut former avec les sons constitutifs d'une même gamme.

Donc aussi, la tonalité étant le résultat de l'ensemble des propriétés des notes de la gamme, et ces propriétés nous guidant dans l'intonation, ainsi que nous l'avons démontré, la connaissance de ces propriétés est de la plus haute importance dans l'étude de la musique vocale.

Ce qui le prouverait en quelque sorte, c'est que la nomenclature des *noms de propriétés* des notes n'a été imaginée que pour rendre plus frappant le caractère particulier de chaque note, ainsi que la fonction spéciale qu'elle remplit dans la musique.

59. Après avoir démontré l'utilité, nous dirons mieux, la *nécessité* d'une étude convenable des propriétés des notes, nous allons indiquer ici un exercice très-propre à les bien faire sentir et à les graver dans l'oreille. Cet exercice, dont nous verrons plus tard toute l'importance, c'est la

VOCALISATION, qui consiste à chanter toutes les notes sur une même voyelle, telle que A, ou sur une même syllabe, telle que LA. N'ayant plus les noms des notes pour nous guider dans l'intonation, il est évident que notre oreille s'attachera forcément aux propriétés des notes pour en trouver l'intonation.

Ainsi, quand on saura bien solfier tous les exercices d'intonation contenus dans ce chapitre, on les recommencera en les vocalisant sur la voyelle A ou sur la syllabe LA. C'est le meilleur moyen de bien se pénétrer des propriétés des notes, et d'acquérir à la fois, et en peu de temps, une intonation sûre et correcte.

Avant de vocaliser un exercice, on devra commencer par s'assurer qu'on sait le solfier sans hésitation.

60. Nous croyons devoir terminer ce chapitre par une série d'exercices divers qui serviront de résumé pratique aux principes qu'il contient.

Nota. — Dès à présent on peut commencer l'étude de la rhythmique (page 31) et la mener de front avec la vocalisation des exercices contenus dans ce chapitre, en consacrant une partie de la leçon à l'intonation, et l'autre à la mesure.

EXERCICES DIVERS.

61. Pensez toujours aux propriétés des notes pour les attaquer, et mesurez-les sur l'une des trois notes de l'accord parfait. Quand un intervalle vous embarrasse, solfiez les notes intermédiaires.

Avant de vocaliser ces exercices, nommez chaque note en en indiquant la propriété. Ainsi, dans le n° 1, dites : *do* tonique, *ré* sous-tonique, etc...

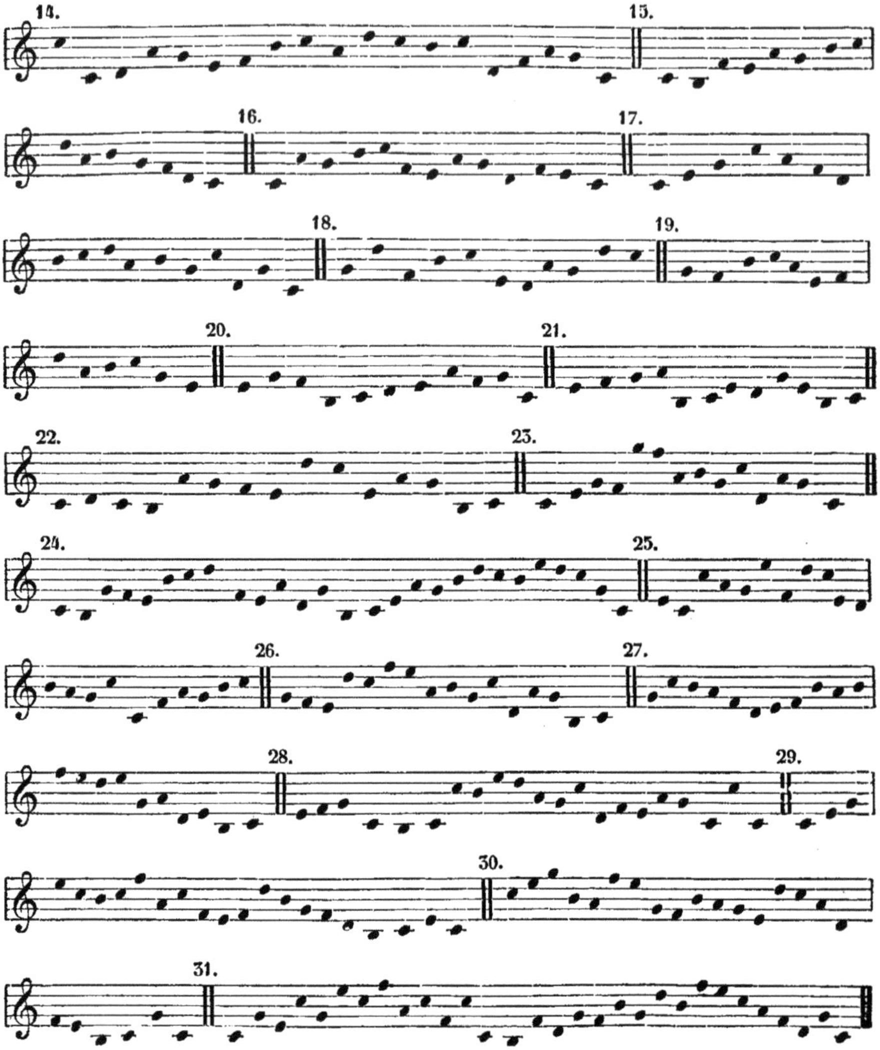

14.

15.

16.

17.

18.

19.

20.

21.

22.

23.

24.

25.

26.

27.

28.

29.

30.

31.

RHYTHMIQUE.

DE LA MESURE, OU DE LA DURÉE DES SONS.

PREMIÈRE SECTION.

INTRODUCTION.

62. Jusqu'à présent toutes nos études ont eu pour unique objet l'*intonation* ou le *rapport* des sons. Mais nous savons, par la définition de la musique (1, 2), que l'intonation n'est pas le seul attribut des sons, et que ceux-ci agissent aussi par leur *durée* sur notre oreille. En effet, en écoutant attentivement un chant quelconque, on ne tarde pas à s'apercevoir que non-seulement les sons varient d'intonation, mais qu'ils diffèrent aussi de *durée* entre eux, c'est-à-dire que les uns sont plus longs ou plus courts que les autres.

63. D'où nous pouvons conclure :

Que, dans un air quelconque, chaque son doit être produit (émis) *dans un temps déterminé, c'est-à-dire qu'il doit remplir un certain espace de temps, qu'on appelle sa* DURÉE *ou sa* VALEUR.

Nous pouvons donc dire qu'un son *dure* ou *vaut* plus, ou moins, ou autant qu'un autre son d'une durée déterminée.

64. Ainsi, non-seulement chaque son est en rapport fixe d'intervalle avec la tonique (39, 57), mais encore en rapport fixe de durée avec chacun des autres.

Dès lors il est évident que les sons n'ont pas une durée *absolue*, mais seulement une durée *relative*, puisqu'on les compare les uns aux autres.

65. Une série de durées déterminées, combinées dans un ordre régulier quelconque, et se répétant périodiquement dans le même ordre, constitue ce qu'on nomme RHYTHME en musique. C'est par le rhythme que cet art excite les plus vives émotions et exerce sur nous son pouvoir magique. Castil-Blaze l'appelle donc avec raison l'AME DE LA MUSIQUE.

Ainsi que nous l'apprendrons plus loin, c'est le rhythme qui facilite la conception des phrases musicales, en y établissant l'ordre, la symétrie et la clarté; en même temps qu'il les relie entre elles, il leur conserve l'*unité* dans la variété. Voilà sans doute pourquoi Grétry a dit que le *rhythme est à l'oreille ce que la symétrie est aux yeux.*

66. Le rhythme résulte de trois choses essentiellement distinctes et qui en sont les éléments constitutifs, savoir :

1° *De la durée de temps pendant laquelle un son individuel peut se produire.* — Cette durée peut être déterminée d'une manière absolue, en admettant, par exemple, qu'un son dure une *seconde*, ou telle ou telle partie de la minute. Ensuite, cette durée peut aussi être déterminée d'une manière relative, en comparant un son à un autre, c'est-à-dire en disant que tel son doit durer autant, ou deux fois plus, ou deux fois moins, etc., que tel autre. C'est de cette durée qu'il a déjà été question plus haut (63, 64) et qu'il sera traité dans le chapitre suivant.

2° *De la combinaison des différentes durées de temps.* — Toute combinaison a pour base une pensée coordonnante, une loi formale suivant laquelle telle chose doit se faire, et non pas une autre.

Or, la combinaison des durées de temps ne peut avoir d'autre objet que de réunir un certain nombre de durées *égales* ou *inégales*, comme appartenant à un MÊME TOUT. La plus simple de toutes les combinaisons est celle qui ne contient que des *durées égales*, et dont la formule se répète, afin de la rendre plus évidente et plus facile à saisir. C'est là la combinaison qui sert à la fois de point de départ et de base à la rhythmique musicale moderne.

3° *De l'accent des durées de temps.* — Dans une série de sons combinés dans un ordre rhythmique quelconque, on distingue toujours un son plus fort que tous les autres. Ce son prédominant qui frappe notre oreille à intervalles égaux, indique les différentes divisions du temps musical, en même temps qu'il leur sert de limite. Cette manière de faire ressortir certains sons par une articulation plus forte, plus intense, constitue ce qu'on appelle ACCENT en musique.

67. Voilà l'exposé préalable que nous avons cru devoir faire de la rhythmique tout entière, afin d'en donner une idée générale. Nous allons donc entrer en matière et la traiter dans les chapitres suivants avec tous les détails qu'elle comporte, et qui doivent faire partie des études élémentaires.

CHAPITRE QUATRIÈME.

De la Durée des sons et des Signes de Durée.

68. La *durée* des sons, ainsi que nous l'avons vu (63), est l'espace de temps que remplit un son comparativement aux autres sons. Cette durée n'est donc que *relative* (64), puisqu'on dit que tel son dure le double, le triple, etc... ou la moitié, le tiers, etc... de tel autre.

D'où il suit que la durée des sons n'est autre chose que la division du temps en musique, et que les différentes proportions de durées relatives des sons peuvent être exprimées par les rapports numériques de 1 à 2, 1 à 3, 1 à 4, etc... ou $\frac{1}{2}$ à 1, $\frac{1}{3}$ à 1, $\frac{1}{4}$ à 1, etc...

69. Mais pour pouvoir juger du rapport exact des diverses durées des sons, c'est-à-dire pour pouvoir les apprécier individuellement, il faut connaître l'UNITÉ DE DURÉE qui sert à mesurer le temps musical, c'est-à-dire la DURÉE de temps à laquelle on compare toutes les autres. Dès que cette durée est déterminée, toutes les autres, tant plus petites que plus grandes, le sont également, puisqu'elles sont en rapport invariable avec l'unité.

70. De tout ce qui précède, il résulte que l'étude pivotale de la durée des sons doit porter sur les rapports qui expriment les différentes divisions et subdivisions que l'on fait subir au temps en musique, c'est-à-dire sur les rapports qui existent entre l'*unité de durée* et les divers fractionnements qu'elle peut subir.

71. Cela posé, qu'est-ce que l'*unité de durée*? Est-ce une durée *absolue* et *invariable* donnée par la nature? — Non; de même que la tonique est un son quelconque pris arbitrairement, de même l'unité de durée est une *quantité de temps quelconque*, dont on se sert pour mesurer le temps musical, et qui, dans le langage des musiciens, a été elle-même appelée TEMPS, par abréviation de *unité de temps* ou *unité de durée*.

Le *temps* est donc une durée arbitraire qui peut varier selon la fantaisie du compositeur, et dont le temps (1) *positif* qui lui est dévolu ne peut être fixé que par les oscillations du pendule astronomique, ou des divisions de ces vibrations, ainsi qu'il sera dit plus loin.

72. Maintenant que nous avons une idée de l'*unité de temps*, et que nous savons que sa durée *réelle*, *positive*, ne change en rien les rapports qui existent entre elle et ses divisions (69), nous allons étudier les différentes divisions et subdivisions du temps musical que notre oreille peut apprécier, ainsi que les signes qui servent à les représenter.

Mais avant d'exposer nos principes de la mesure, c'est-à-dire de la division du temps en musique, et de faire connaître les modifications que nous apportons à la notation usuelle, nous croyons devoir analyser le système des signes de durée, tel qu'il est en usage aujourd'hui dans les solféges, afin de pouvoir expliquer certains signes dont on se sert pour indiquer la mesure.

73. Nous savons déjà que les notes sont les signes représentatifs de l'intonation des sons. Pour éviter la multiplicité des signes, on a eu l'idée de combiner les signes d'*intonation* avec ceux de *durée* en modifiant les notes dans leur forme et en ne leur attribuant qu'une valeur (durée) comparative, afin qu'elles puissent à la fois indiquer l'intonation et la durée relative des sons, laissant ainsi au mouvement déterminé à en fixer la durée positive.

A cet effet, on a supposé une *unité principale* de durée qu'on a appelée *ronde*, et à laquelle on a appliqué la *division binaire* (par 2) avec ses subdivisions, sans doute comme étant la plus simple, et, pour cette raison, la première et unique dont les anciens aient fait usage dans leur musique. C'est ainsi qu'on a obtenu le tableau des signes suivants, où nous avons mis leurs noms usuels et leurs figures en regard de leurs durées comparatives:

NOMS.	FIGURES.	DURÉES COMPARATIVES.	
RONDE.............	𝅝	représentant l'UNITÉ.	
BLANCHE...........	𝅗𝅥	—	la MOITIÉ.
NOIRE.............	𝅘𝅥	—	le QUART.
CROCHE............	𝅘𝅥𝅮	—	le HUITIÈME.
DOUBLE-CROCHE......	𝅘𝅥𝅯	—	le SEIZIÈME.
TRIPLE-CROCHE......	𝅘𝅥𝅰	—	le TRENTE-DEUXIÈME.
QUADRUPLE-CROCHE...	𝅘𝅥𝅱	—	le SOIXANTE-QUATRIÈME.

NOTA. Remarquons en passant que non-seulement ces noms ne donnent aucune idée de la durée relative des notes, mais encore que les trois derniers sont antilogiques et contradictoires avec la signification qu'on leur

(1) Ce double emploi du mot *temps*, pour dire deux choses différentes, est un effet de la pauvreté de la langue musicale.

donne, en ce qu'ils expriment précisément le contraire de l'idée qu'on y attache. Les Allemands, au lieu de confier à la mémoire des noms *au moins insignifiants* auxquels il faut encore associer l'idée de la durée relative des notes, s'adressent directement à l'intelligence en donnant aux signes de durée les dénominations numériques dont nous nous sommes servi pour exprimer les durées comparatives des notes. Ainsi ils disent avec plus de raison *unité* ou *note entière, moitié, quart, huitième*, etc...

74. Le tableau précédent nous montre que la *ronde*, prise pour unité principale de durée, ainsi que nous l'avons dit (73), est la base du système des signes de durée en usage dans la notation ordinaire. Nous en verrons surtout la preuve dans certains signes de mesure que nous apprendrons à connaître plus tard, tels que $\frac{3}{2}$, $\frac{4}{2}$, $\frac{2}{4}$, $\frac{3}{4}$, $\frac{6}{8}$, $\frac{9}{8}$, etc. (1)

75. Voyons maintenant quelles sont les modifications que nous apportons dans la nomenclature des signes de durée et dans leur classification, et établissons la base de notre système de notation.

Nous prendrons la *Noire* ♩ comme pivot de ces signes, et nous la nommerons UNITÉ DE TEMPS, ou simplement UNITÉ.

Cela posé, nous qualifierons de *signes supérieurs* ceux qui ont une durée plus grande que l'unité ; et de *signes inférieurs*, ceux qui ont une durée moindre.

Les signes supérieurs pouvant représenter le double, le triple et le quadruple de l'unité, nous les appellerons : UNITÉ-DOUBLE 𝅗𝅥, UNITÉ-TRIPLE 𝅗𝅥. et UNITÉ-QUADRUPLE. 𝅝

Les signes inférieurs pouvant à leur tour représenter la moitié, le tiers, le quart de l'unité, etc., nous leur donnerons également des dénominations numériques exprimant ces différentes fractions. (Voyez ci-contre la nomenclature des signes de durée.)

L'unité pouvant être divisée par 2 ou par 3, nous appellerons *division binaire* celle qui partage l'unité en deux *moitiés*, et *division ternaire* celle qui partage l'unité en trois tiers.

La noire simple ♩ représentera l'unité de la division binaire, et la noire pointée ♩., celle de la division ternaire. — Quoique cette notation soit vicieuse, nous devons la conserver, afin de ne rien changer aux signes en usage.

Par la même raison, n'ayant pas de signes particuliers pour représenter les *tiers*, nous les écrirons avec ceux des moitiés ; seulement nous aurons soin, pour les distinguer, de grouper les moitiés toujours par deux ♫, et les tiers par trois ♩♩♩.

Règle générale, n'admettant pas de signes inférieurs *isolés* dans notre système de notation, *nous grouperons les diverses parties de l'unité sous une barre principale, de manière à ce qu'un groupe quelconque représente* TOUJOURS *une unité :* RIEN DE PLUS, RIEN DE MOINS.

En outre, nous indiquerons encore les différentes espèces de divisions et de subdivisions de l'unité, en brisant les barres de subdivision de deux en deux ou de trois en trois groupes ou notes, suivant la division et la subdivision binaire ou ternaire. (Voyez ci-contre le tableau de la division binaire de l'unité).

Cette manière de grouper les signes inférieurs, permettant à l'œil de distinguer rapidement les différents temps de la mesure, rend la lecture musicale plus simple et plus facile.

76 Ceci bien compris, nous allons exposer notre système de classification des signes de durée, en prenant pour base *l'unité de temps :*

---

(1) Nous avons longuement insisté sur la division du temps en musique, parce que nous savons par expérience tout le soin que réclame l'étude de la mesure. Cependant on pourra passer les détails qui paraîtront superflus.

Nomenclature des Signes de durée.

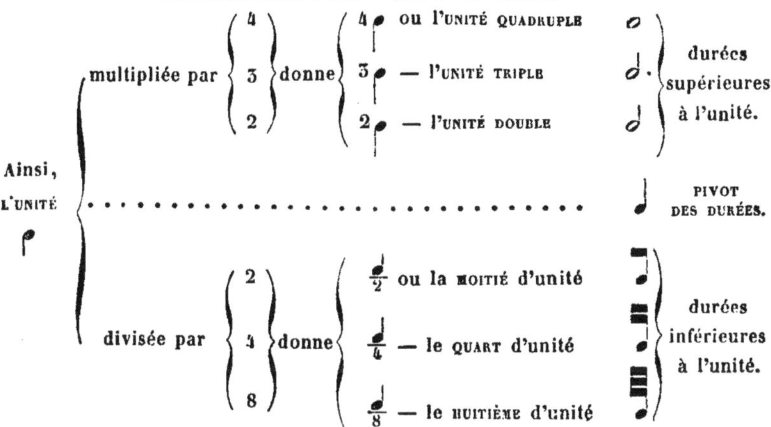

77. Etudions maintenant les rapports de durée qui existent entre l'unité de temps et les différentes divisions et subdivisions qu'elle peut subir.

Disons d'abord que notre oreille ne peut apprécier exactement que les rapports exprimés par des fractions ayant pour dénominateur un des nombres premiers 2 ou 3, ou un produit de ces nombres, tels [1] que $\frac{1}{2}$, $\frac{1}{4}$, $\frac{1}{8}$, $\frac{1}{16}$, $\frac{1}{32}$, etc.; ou $\frac{1}{3}$, $\frac{1}{6}$, $\frac{1}{9}$, $\frac{1}{12}$, $\frac{1}{18}$, etc. C'est-à-dire que nous ne pouvons mesurer sûrement que la *division binaire* ou l'unité partagée en deux moitiés, et la *division ternaire* ou l'unité partagée en trois tiers, et les *subdivisions* de mêmes noms.

Pour plus de clarté, construisons le tableau de la *division binaire* de l'unité avec ses *subdivisions binaires et ternaires :*

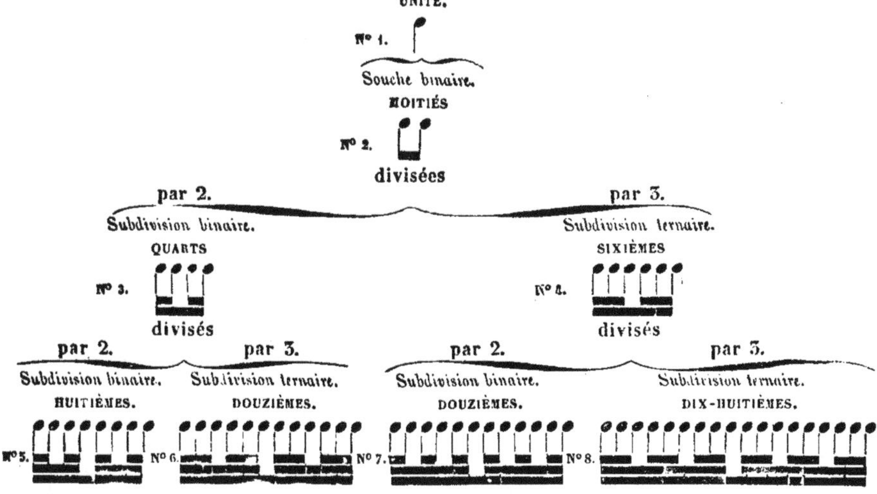

(1) Le professeur expliquera ces fractions soit par l'arithmétique, soit par un procédé sensible, tel que le partage d'une ligne ou d'une baguette.

Remarques sur le tableau qui précède. — En tête, nous voyons au n° 1 le signe de l'unité de la division binaire.

La *première division* de l'unité, caractérisée par une barre ▬, a fourni au n° 2 les *moitiés*, représentant la *souche binaire*.

La *deuxième division* de l'unité (ou première subdivision de la souche binaire), caractérisée par deux barres ▬, a donné au n° 3 les *quarts*, provenant de la *subdivision binaire* des moitiés; et au n° 4 les *sixièmes*, provenant de la *subdivision ternaire* des moitiés.

La *troisième division* de l'unité (ou deuxième subdivision), caractérisée par trois barres ▬, a produit au n° 5 les *huitièmes*, provenant de la *subdivision binaire* des quarts; au n° 6, les *douzièmes*, provenant de la *subdivision ternaire* des quarts; au n° 7, une autre espèce de *douzièmes*, provenant de la *subdivision binaire* des sixièmes; enfin, au n° 8, les *dix-huitièmes* (1), provenant de la *subdivision ternaire* des sixièmes.

Nota. — Le professeur insistera sur ce tableau jusqu'à ce que les élèves l'aient bien compris. A cet effet, il l'analysera en le décomposant et en le reconstruisant lui-même sur le tableau noir; et au besoin il le fera transcrire de tête par les élèves.

78. Quelle que soit la durée, c'est-à-dire la forme de la note, elle n'a aucune influence sur l'intonation, ni sur le nom de position.

Ex. : 

79. Les notes, ainsi qu'il appert du n° 73, ont donc une double signification : celle d'*intonation*, indiquée par leurs positions sur la portée, et celle de *durée*, indiquée par leurs figures (vérifiez ci-dessus). Par la même raison, elles ont également un *nom d'intonation*, comme do, ré, mi, etc., et un *nom de durée*, comme unité, unité-double, moitié, quart, etc. (voyez la nomenclature des signes de durée).

CHAPITRE CINQUIÈME.

DE LA MESURE.

80. La MESURE est cette partie de la musique qui règle la durée des sons, en divisant le temps musical en un certain nombre de parties égales, exactement comme la journée se divise en heures, l'heure en minutes, etc.

Cette division rigoureuse d'un morceau de musique, loin d'être conventionnelle, est toute naturelle et conforme à notre organisation. Elle est aussi nécessaire à notre oreille pour mesurer la durée exacte des sons, que le sont à nos yeux les divisions d'un cadran de montre pour apprécier l'heure juste marquée par l'aiguille. Car, de même que notre œil a besoin de

(1) Dans les subdivisions de la souche binaire, nous considérons comme *incommensurables à l'oreille* les fractions plus petites que les dix-huitièmes.

points de repère pour mesurer une étendue, une grandeur quelconque, de même aussi notre oreille, qui est en général moins exercée que l'œil, a besoin de points de repère qui lui servent de jalons pour mesurer la durée des sons.

Or, les combinaisons des unités et des fractions de temps pouvant varier à l'infini, et notre oreille ne pouvant mesurer sûrement que des groupes de *deux, trois*, ou tout au plus de *quatre* unités de temps, sans avoir besoin d'un nouveau point de repère, il a fallu établir de nombreuses divisions dans la musique, afin d'aider l'oreille dans le travail difficile et compliqué de l'appréciation exacte de la durée des sons.

81. Mais en quoi consistent ces divisions qui servent de points de repère à notre oreille? et comment les distingue-t-on?

A cet effet, le compositeur divise son morceau en groupes égaux de *deux, trois* ou *quatre unités de temps*, en plaçant après chaque groupe (sauf l'exception dont il sera parlé plus loin) un jalon consistant en une *accentuation plus forte* du son qui tombe au premier temps; exactement comme on divise une étendue quelconque en parties égales de 20, 30 ou 40 mètres, en plaçant un jalon après chaque série de 20, 30 ou 40 mètres. Grâce à cette division, le *temps accentué* revient à intervalles égaux; et c'est le retour périodique de ce temps chanté plus fort que les autres, qui établit la mesure dans la musique, et fournit ainsi à l'oreille les jalons nécessaires pour mesurer exactement la durée des sons.

82. Ce temps accentué, qui indique à la fois la fin d'un groupe et le commencement du suivant, a été appelé *temps fort*, parce qu'en général il doit être chanté plus fort que les autres.

Et l'on a donné le nom de *mesure* (1) à la durée de temps qui s'écoule d'un temps fort au suivant, c'est-à-dire à un groupe de *deux, trois* ou *quatre* unités de temps.

Ainsi la *mesure* n'est autre chose que la division d'un morceau de musique en un certain nombre de groupes égaux de *deux, trois* ou *quatre unités de temps*, suivant que l'on fait sentir le *temps fort* de deux en deux, de trois en trois, ou de quatre en quatre unités de temps.

83. Mais, pour que cette division frappe l'œil aussi bien que l'oreille, et afin que l'exécutant distingue à première vue le *temps fort*, c'est-à-dire la note qu'il doit accentuer, on tire une barre perpendiculaire en travers de la portée à la fin de chaque mesure, et immédiatement avant chaque premier temps, ou temps fort (82).

Ex. : 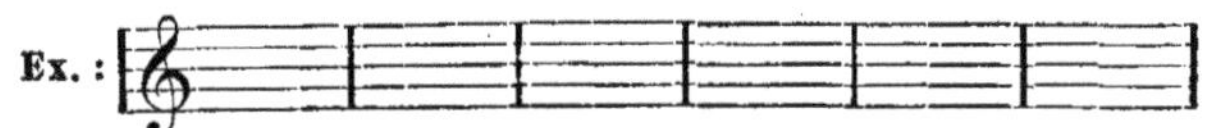

Ces barres ont été appelées *barres de mesure;* et les espaces qui séparent deux de ces barres, étant destinés à recevoir les notes de la mesure, ont également reçu le nom de *mesure* (1).

84. De ce qui précède, nous pouvons conclure qu'il y a trois espèces de mesure, savoir :

1° La MESURE A DEUX TEMPS, dans laquelle le temps fort se fait sentir de deux en deux unités;

2° La MESURE A TROIS TEMPS, dans laquelle le temps fort se fait sentir de trois en trois unités;

3° La MESURE A QUATRE TEMPS, dans laquelle le temps fort se fait sentir de quatre en quatre unités.

---

(1) Remarquons encore ici un nouvel exemple de la pauvreté de la langue musicale; car ce mot est employé dans plusieurs acceptions toutes différentes.

Ainsi, de même que les mesures divisent la durée d'un morceau de musique en un certain nombre de parties égales, de même aussi les temps subdivisent chaque mesure en 2, 3 ou 4 parties égales, selon que la mesure contient 2, 3 ou 4 temps.

85. Maintenant que nous savons ce qu'on entend par unité de temps (72), et que nous connaissons les différentes divisions qu'elle peut subir, ainsi que les signes qui servent à les représenter (76), nous pouvons à volonté composer et noter toute espèce de mesures.

A cet effet, nous n'avons qu'à former des séries composées de *deux, trois* ou *quatre unités de temps,* ou d'autant de *groupes de durées inférieures* (75) équivalant chacun à une unité, et les séparer par une barre de mesure (83); ce qui nous donnera ainsi des mesures *à deux, à trois* ou *à quatre* temps.

Ex.:

Nota. — Ces exemples ne devant pas être lus en mesure, le professeur se bornera à les faire analyser aux élèves. Ainsi, par exemple, pour les mesures à deux temps, ils diront : *unité* pour le premier temps; *unité* pour le second temps, *barre* de mesure; *groupe de* 2 *moitiés* pour le premier temps, *groupe de* 2 *moitiés* pour le second temps, *barre* de mesure; et ainsi de suite pour les autres mesures.

86. A la simple inspection de ces exemples, l'œil du lecteur distingue immédiatement le nombre de temps contenus dans une mesure, ainsi que l'espèce de division et subdivision que l'unité a subie. Avec non moins de facilité, il reconnaît également le temps fort. On pourrait donc, à la rigueur, se passer de toute espèce d'indication de la mesure; mais l'usage en a décidé autrement, et nous devons nous y conformer.

Nous dirons donc que, dans la notation usuelle, on a coutume d'indiquer la mesure au moyen d'un ou de deux signes placés à la clef au commencement de chaque morceau. Voici comment : la fraction $\frac{2}{4}$ [1] indique la mesure à *deux temps;* la fraction $\frac{3}{4}$, la mesure à *trois temps;* et le chiffre 4 ou la lettre C veut dire mesure à *quatre temps;* etc. (voyez ci-dessous). Mais, comme ces signes n'indiquent pas toujours la mesure d'une manière bien claire, ainsi que nous aurons occasion de nous en convaincre, nous placerons devant la clef un signe *explicatif* qui ne laisse aucune équivoque dans l'esprit du lecteur, ni sur le nombre des temps, ni sur leurs valeurs. Ainsi, nous indiquerons la mesure à deux temps par 2♩ [2]: le chiffre 2 signifie *deux temps,* et le signe de l'unité ♩ veut dire que chaque temps est représenté par une *unité* (une noire). De la même façon, le signe 3♩ indique la mesure à trois temps, et le

(1) Nous expliquerons plus tard l'origine et la signification de tous ces signes.

(2) Cette manière d'indiquer la mesure nous paraît plus simple et plus facile à comprendre que la manière ordinaire. On en verra surtout la preuve dans les mesures ternaires.

signe 4♩, la mesure à quatre temps. Voici les trois espèces de signes de mesure, tels que nous les emploierons :

A deux temps.

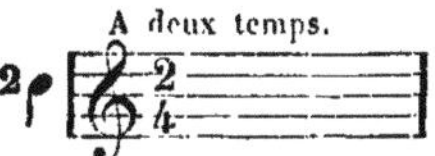

A trois temps.

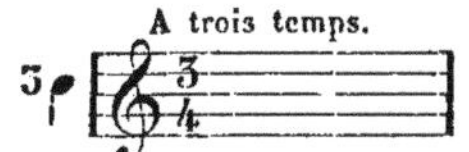

A quatre temps.

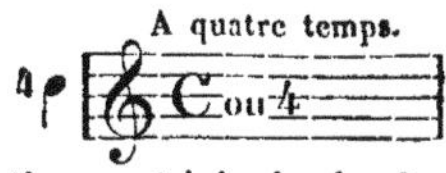

87. Si nous avons une idée bien nette de tout ce que nous avons dit relativement à la durée des sons, à la mesure, et à la manière d'exprimer ces choses dans l'écriture musicale, nous pouvons immédiatement passer à la lecture rhythmique de la musique, c'est-à-dire à la pratique de la mesure.

Remarques sur l'Etude pratique de la Mesure.

I. Nous savons que tous les temps de la mesure sont égaux; il est donc essentiel, dans la pratique, de leur donner à tous une durée égale. Pour y parvenir, nous emploierons les trois moyens suivants :

1° *La voix*, en nous exerçant à compter régulièrement 1, 2 — 1, 2, etc..., ou 1, 2, 3 — 1, 2, 3, etc..., ou 1, 2, 3, 4 — 1, 2, 3, 4, etc., en appuyant plus fort sur *un* que sur les autres nombres;

2° *La main*, en nous exerçant à faire avec la main droite *deux*, *trois* ou *quatre* mouvements réguliers. Cela s'appelle *battre la mesure;*

3° *La voix* et *la main simultanément*, en prononçant d'abord à chaque mouvement des mots indiquant la direction de la main, ensuite en comptant *un*, *deux*, *trois* et *quatre*.

OBSERVATION. — *En battant la mesure, il faut, pour obtenir une parfaite régularité dans les mouvements, porter la main vivement, nous dirions volontiers brusquement, d'un temps à l'autre, et tâcher de lui faire décrire à peu près la même figure en parcourant la même étendue. La main devenant ainsi le régulateur de la durée des temps, il est très-important que ses mouvements soient aussi uniformes que ceux du balancier d'une pendule.*

II. Voici la manière de battre les trois espèces de mesure :

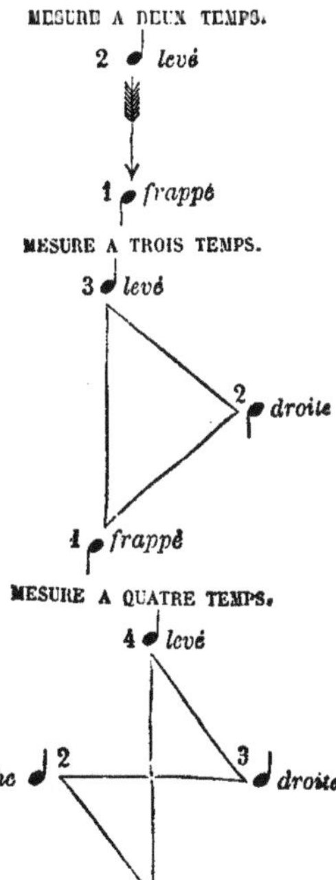

A — Pour nous exercer à battre la mesure à **DEUX TEMPS**, nous frapperons le premier temps dans notre main gauche ou sur notre genou, en disant d'abord FRAPPÉ, ou UN, et nous relèverons la main pour le second temps, en disant LEVÉ, ou DEUX.

B — Pour nous exercer à battre la mesure à **TROIS TEMPS**, nous frapperons le premier temps, en disant d'abord FRAPPÉ, ou UN; le deuxième temps sera marqué à droite, en disant DROITE ou DEUX; et au troisième temps, nous relèverons la main, en disant LEVÉ ou TROIS.

C — Pour nous exercer à battre la mesure à **QUATRE TEMPS**, nous frapperons le premier temps, en disant FRAPPÉ ou UN; le deuxième sera marqué à gauche, en disant GAUCHE ou DEUX; le troisième à droite, en disant DROITE ou TROIS; et le quatrième en levant, en disant LEVÉ ou QUATRE.

III. Remarquons que le *frappé* marque toujours le premier temps, c'est-à-dire le TEMPS FORT, de même que le *levé* indique toujours le dernier temps dans les trois espèces de mesures.

IV. Quand on aura acquis une certaine habitude pour battre la mesure à deux, à trois et à quatre temps, on pourra immédiatement passer aux exercices suivants. Pour les étudier, il faut :

1° Faire une analyse en disant quelle est la durée de chaque note;

2° Faire une lecture mesurée sans battre la mesure, en marquant chaque temps par un léger coup de gosier;

3° Faire une lecture mesurée en marquant la mesure avec la main et avec la voix;

4° Solfier sans battre la mesure, en marquant chaque temps par un coup de gosier;

5° Solfier en marquant la mesure avec la main et la voix simultanément.

C'est une recommandation que nous faisons pour tous les exercices de mesure qui vont suivre.

V. Lorsqu'il y aura des unités-doubles, triples ou quadruples, on en fera sentir les différents temps en les marquant par un léger coup de gosier. Ainsi, en solfiant des unités-doubles 𝅗𝅥, on dira, par exemple, *do-o, ré-é*, etc.; pour les unités-triples 𝅗𝅥. on dira, par exemple, *fa-a-a, do-o-o*, etc.; pour des unités-quadruples 𝅝, on dira, par exemple, *do-o-o-o, so-o-o-ol*, etc. Cette manière de solfier, qu'il ne faut pourtant pas exagérer, est très-avantageuse pour les premières études pratiques de la mesure.

VI. Voici quelques exercices préparatoires pour s'habituer à battre la mesure en solfiant.

ÉTUDE PRATIQUE DE LA MESURE.

CHAPITRE SIXIÈME.

Du temps fort et du temps faible; du son prolongé, et de la reprise.

88. Nous avons dit (82) qu'on appelle *temps fort* le premier temps de chaque mesure; par opposition, les autres ont reçu le nom de *temps faibles*, parce qu'on les marque moins fortement que le premier.

D'où il suit que, dans la mesure à *deux temps*, le premier temps est *fort* et le second *faible;* dans la mesure à *trois temps*, le premier est *fort* et les deux autres *faibles;* et dans la mesure à *quatre temps*, que l'on peut considérer comme une mesure double à deux temps, le premier est *fort;* le second, *faible;* le troisième, *fort* (mais moins que le premier); et le quatrième, *faible.*

89. Nous appellerons *son prolongé*, en général, tout son qui a une durée plus grande que l'unité de temps, soit qu'il commence sur un temps fort, ou sur un temps faible. Ainsi, les unités doubles 𝅗𝅥, triples 𝅗𝅥. et quadruples 𝅝 représentent des sons prolongés.

90. On appelle *barre de séparation* la double barre ‖ qui se place à la fin ou dans le courant du morceau pour en indiquer la fin ou pour en séparer les diverses parties.

91. On appelle *reprise simple* la double barre précédée de deux points :‖ indiquant qu'il faut répéter la partie qui précède;

Et *reprise double*, la double-barre précédée et suivie de deux points :‖: indiquant qu'il faut répéter la partie qui précède et celle qui suit.

On donne également le nom de *reprise* à la partie qui se trouve avant ou après la double barre.

92. Pour ne pas présenter à l'élève deux difficultés à la fois, nous ferons tous nos exercices pratiques de mesure avec les cinq premières notes de la gamme; de manière à ce que, n'ayant pas à s'occuper de l'intonation, il puisse porter toute son attention sur la durée des notes.

93. Etudiez tous les exercices suivants d'après les procédés décrits dans les remarques IV et V de la page 40. Répétez-les d'abord chacun 3 ou 4 fois, puis solfiez-les en suivant.

PREMIÈRE SÉRIE D'EXERCICES.

Des Silences.

94. L'intonation et la durée des sons ne sont pas les seuls éléments de la musique; car, en écoutant chanter un air, on s'aperçoit bientôt que ces sons cessent momentanément, et qu'il se passe une certaine durée de temps en silence. La durée de ce silence, de cette interruption du son pouvant varier comme celle des notes avec laquelle elle doit entrer en ligne de compte dans la mesure, il était dès lors naturel de la représenter par des signes soumis à la même loi de proportion et de division que les notes.

95. Ces signes, qui se placent dans la portée comme les notes, ont été nommés SILENCES, parce qu'ils servent à remplacer les notes, quand on veut exprimer l'interruption du son pendant un temps déterminé. Ils portent les mêmes noms numériques que les notes équivalentes.

96. Voici le tableau des *signes de silences* mis en regard avec leurs valeurs correspondantes en notes:

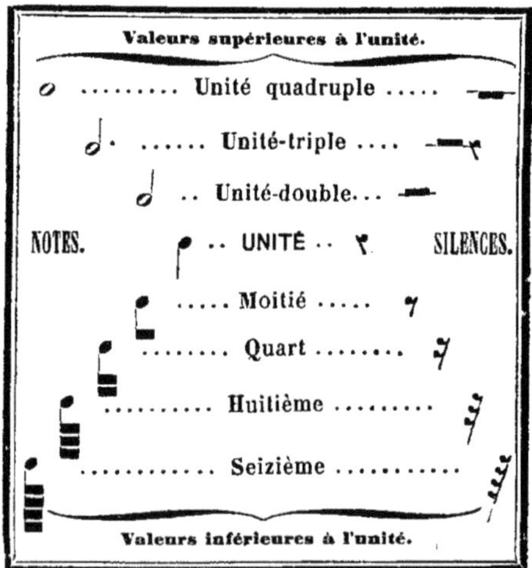

97. Remarquez que l'unité-double de silence est placée sur la ligne, et l'unité-quadruple sous la ligne; remarquez aussi que tous les silences inférieurs à l'unité ont autant de barres que les notes auxquelles ils correspondent.

98. L'usage veut que l'*unité-quadruple* soit le signe de silence d'une mesure entière, quel qu'en soit le nombre de temps. Ainsi on l'emploie indifféremment dans une mesure à *deux*, à *trois* ou à *quatre* temps.

99. Lorsque, dans les parties séparées d'un morceau d'ensemble, il y a plusieurs mesures de silence de suite, on n'en écrit qu'une seule dans laquelle on place, soit une ▬, soit une barre inclinée ▬ surmontée d'un chiffre indiquant le nombre de mesures à passer en silence, ou tout simplement un chiffre.

Ex.: 

Ce qui veut dire qu'il faut compter *huit*, *seize* ou *vingt-quatre* mesures de silence.

100. La durée des silences devant être observée, dans la mesure, avec la même précision que celle des notes, nous la marquerons en prononçant la syllabe *chut*, exactement comme nous prononçons le nom des notes pour en faire sentir les différents temps. Ainsi, pour une 𝄽, nous dirons *chut*, pour une ▬, nous dirons *chu-ut;* pour une ▬ 𝄽, nous dirons *chu-u-ut*, etc.

Nous indiquons de préférence *tous les silences* par la syllabe *chut*, parce que ce mot nous rappelle qu'il faut cesser de chanter pendant les silences.

101. Etudiez les exercices suivants, en comptant tous les silences, soit en faisant la lecture mesurée, soit en solfiant, ainsi que nous venons de le dire.

DEUXIÈME SÉRIE D'EXERCICES.

De la prolongation et de la syncope; du point de prolongation et de la liaison.

102. Nous avons déjà vu (89) qu'on appelle *prolongation* tout son commencé soit sur un temps fort ou sur un temps faible, et se prolongeant pendant deux ou plusieurs temps; nous avons également vu que les 𝅗𝅥, 𝅗𝅥. et 𝅝 sont des signes de prolongation. A ces signes, nous devons en ajouter deux autres d'un emploi fréquent pour exprimer la prolongation du son; ce sont le *point de prolongation* (•) et la *liaison* ⌒.

103. Le *point* (•), par lui-même, n'a pas de valeur déterminée; mais, placé après une note (♩.), il a la propriété de prolonger la durée de cette note de la *moitié de sa valeur*. Voilà pourquoi l'*unité triple* est représentée par le signe de l'unité double suivi d'un point (𝅗𝅥.).

Voici le tableau de la valeur des notes pointées :

Ainsi, une note pointée vaut *trois fois* sa moitié, dont *deux* pour la note et *une* pour le point. (Voyez l'exemple ci-dessus.)

104. On peut placer un *second point* après le premier; dans ce cas le second point vaut la moitié du premier.

Ainsi, une 𝅗𝅥.. vaut une 𝅗𝅥 + ♩ + ♪ ou ♩ ♩ ♩ + ♪ ou ♫ ♫ ♫ ♪𝄾

105. Le point est également employé pour prolonger la durée des silences plus *petits* que l'unité de temps.

Ainsi le 𝄾. équivaut à 𝄾 + 𝄿; le 𝄿. à 𝄿 + 𝅀, etc.

106. La *liaison* ⌒, pas plus que le point, n'a de valeur par elle-même; mais elle à la propriété d'unir en une seule *deux* ou *plusieurs notes* représentant le même son, de manière à n'en former qu'une *seule émission de voix* dont la durée égale celle des notes réunies.

On emploie la liaison, lorsque le point n'a pas la durée voulue pour représenter la prolongation à exprimer, ou quand la prolongation passe d'une mesure à l'autre.

107. Quelquefois la prolongation produit un effet tout particulier et imprime à la musique un caractère tout à fait étrange. Cela tient à ce que, commençant sur un *temps faible* et se prolongeant sur un *temps fort,* elle *déplace l'accent régulier* de la mesure et enlève ainsi à l'oreille son jalon naturel. D'où il résulte une marche à contre-temps que l'on désigne ordinairement sous le nom de SYNCOPE (coupure), parce que le son prolongé se trouve coupé par le mouvement qui marque la mesure. C'est là l'exception dont nous avons parlé (77) à propos du temps fort.

Ainsi, la *syncope* est l'émission d'un son commençant sur un temps faible et se prolongeant sur un temps fort. C'est une des plus grandes difficultés de la mesure.

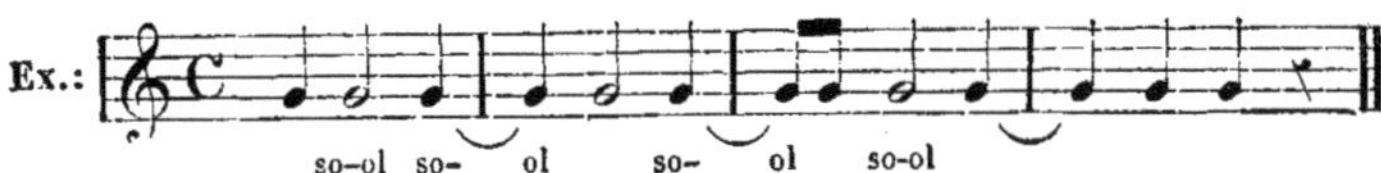

108. *En résumé,* la syncope, ainsi que la prolongation, indique un son prolongé; mais la première unit dans une seule émission de voix le temps *fort* au temps *faible,* tandis que la seconde unit le temps *faible* au temps *fort.*

109. *Règle générale,* que la prolongation soit représentée par une *note* ou par un *silence,* par un *point* ou par une *liaison, nous la ferons toujours sentir, en marquant chacun des temps qu'elle renferme, par un léger coup de gosier,* ainsi qu'il a été dit (page 40, remarque V, et 99).

TROISIÈME SÉRIE D'EXERCICES.

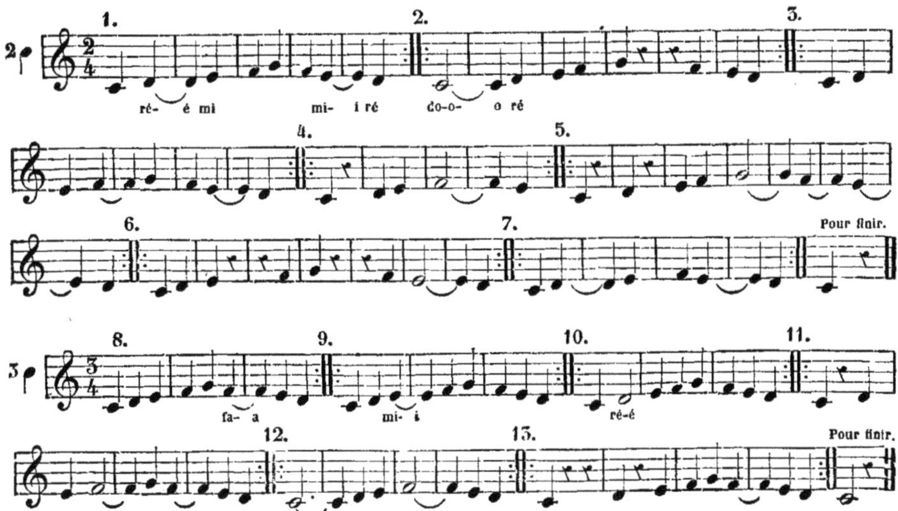

Du chant à plusieurs voix ou parties.

110. Nous savons déjà que l'oreille admet l'audition simultanée de plusieurs sons (48); donc un morceau de musique, soit vocale, soit instrumentale, peut être à *une*, *deux* ou *un plus grand nombre de voix* (parties). (1) Chanter en même temps plusieurs airs composés exprès pour s'accorder ensemble, cela s'appelle *chanter à plusieurs voix*, ou *chanter en parties*.

111. On appelle *solo* un morceau chanté par une seule voix; *duo*, un morceau chanté en parties par deux voix; *trio*, un morceau à trois voix; et *quatuor*, un morceau qui se chante en parties par quatre voix.

112. On nomme *chœur* un morceau d'ensemble dans lequel chaque partie est chantée par un grand nombre de voix à l'*unisson* (même son), c'est-à-dire exécutant le même air.

113. On donne le nom de *soliste* à celui qui chante les solos, et de *choriste*, à celui qui chante dans les chœurs.

114. Dans un *duo* ou dans un chœur à *deux voix*, on peut écrire les deux parties sur la même portée, en faisant monter les queues des notes de la partie supérieure, et descendre celles des notes de la partie inférieure.

Ex.: 

Mais lorsqu'il y a un plus grand nombre de parties, on écrit chacune d'elles sur une portée séparée, en les réunissant toutes par une *accolade*. (Voyez les duos et chœurs ci-après.)

NOTA. Dans les morceaux à plusieurs voix, il faut étudier chaque partie séparément, et ne les solfier ensemble que lorsqu'on les saura bien chacune seule. On partagera les élèves en autant de sections qu'il y a de parties à chanter.

N° 1. Solféges, ou résumé pratique de ce qui précède.

(1) Dans le langage technique on donne indifféremment le nom de *voix* à une partie quelconque d'un morceau d'ensemble, que cette partie soit faite par une voix ou par un instrument.

N° 3.
N° 4.
DUO.
1re partie.
2e partie.
N° 5.
N° 6.
DUO.
1re partie.
2e partie.

Solfége à 3 voix égales.

N° 7. Andante.

1re partie. 4
2e partie. 4
3e partie. 4

p p p f f f p p p f f f

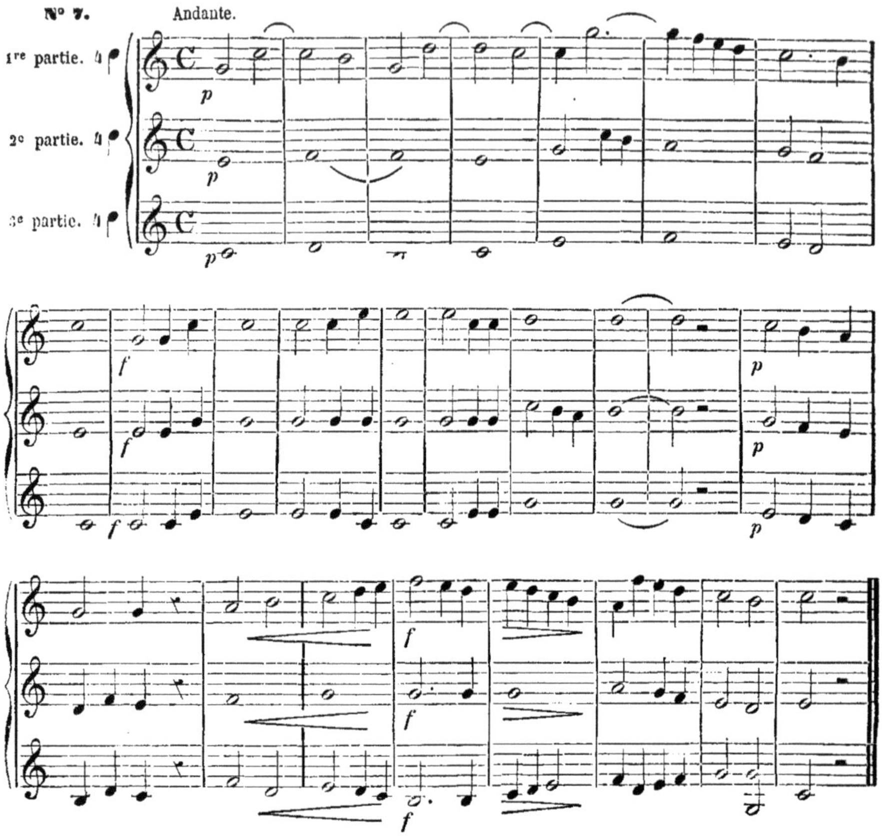

Air allemand, arrangé à 3 voix égales.

N° 8.

CHAPITRE SEPTIÈME.

DE LA DIVISION BINAIRE DU TEMPS.

Des demi-temps, des parties fortes et des parties faibles dans les subdivisions de l'unité de temps.

115. Jusqu'à présent, nous n'avons vu que des *temps non divisés*, c'est-à-dire que nous n'avons solfié qu'*une note* par temps ou par mouvement de main. Mais nous savons que l'unité de temps peut se partager en *deux moitiés* (77), et que le signe de cette division consiste en une barre ▬ qui réunit les deux moitiés ♫. Lors donc que l'unité est ainsi divisée en deux moitiés, il faut solfier *deux notes* pendant la *durée d'un même temps*, c'est-à-dire qu'il faut produire *deux coups de gosier* par chaque mouvement de main. D'où il suit qu'on doit articuler les moitiés *deux fois plus vite* que les unités de temps.

116. De même que notre oreille, pour pouvoir apprécier les différentes divisions de la mesure, a besoin d'un *temps fort* de deux en deux ou de trois en trois unités, suivant que la mesure est *à deux* ou *à trois* temps (80-82); de même aussi, lorsque les temps sont divisés, elle a besoin d'une *partie forte* (note forte) de deux en deux ou de trois en trois fractions de temps, pour pouvoir mesurer exactement les différentes divisions que l'unité a subies.

Voilà pourquoi on dit des *deux moitiés* renfermées dans un temps, que la première est *forte*, et la seconde *faible;* et des *trois tiers* formant un temps, que le premier est *fort* et les deux autres *faibles*. Mais pour faire ressortir le premier temps, c'est-à-dire le *temps fort*, et conserver ainsi à la mesure son caractère et son accentuation propre, on *appuie plus fortement* sur la note qui marque le commencement du premier temps que sur celles qui marquent le commencement des autres temps.

La même règle d'*accentuation* s'applique également aux subdivisions binaires et ternaires de l'unité de temps, quelque petites qu'elles soient.

117. Ainsi, en résumé, les fractions d'unité étant *accentuées* de *deux en deux* ou de *trois en trois*, suivant qu'elles proviennent de la division binaire ou de la division ternaire, le retour de la *note forte* indique à l'oreille le mode de division de l'unité, de la même manière que le retour du *temps fort* indique la division de la mesure.

118. Pour s'habituer à passer deux notes par temps, c'est-à-dire à produire deux coups de gosier par mouvement de main, il faut s'exercer :

1° *A prononcer* TRÈS-RÉGULIÈREMENT *les chiffres* 1-2 *à des intervalles égaux et sans battre la mesure, en* APPUYANT PLUS FORTEMENT *sur* UN *que sur* DEUX ;

2° *A battre les trois espèces de mesures en comptant, comme précédemment,* UN-DEUX *pour chaque temps ou chaque mouvement de main.* Ex. :

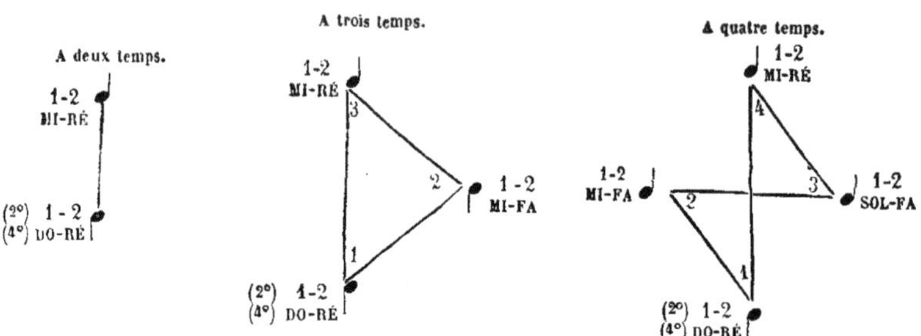

3° *A prononcer régulièrement et sans battre la mesure les notes* DO, RÉ, MI, FA, SOL, *etc., en* APPUYANT PLUS FORTEMENT *sur la* PREMIÈRE *de deux en deux notes, de la même manière que l'on vient de compter* UN-DEUX ;

4° *A battre les trois espèces de mesures, en prononçant* DEUX NOMS *de notes par chaque temps ou par chaque mouvement de main, et en appuyant sur la première note, exactement comme on vient de faire pour les chiffres au n°* 2. (Voyez les figures ci-dessus.)

119. Il faut répéter les quatre exercices précédents jusqu'à parfaite exécution ; ensuite on passera aux exercices suivants, que l'on étudiera d'après les procédés déjà connus et décrits à la page 40.

PREMIÈRE SÉRIE D'EXERCICES.

Observation importante. — Faites toujours bien sentir la division rhythmique du temps, en *accentuant* toutes les *notes fortes* de chaque groupe de fractions de temps. C'est une recommandation que nous faisons une fois pour toutes.

Des moitiés d'unité ou demi-temps de silence.

120. De même qu'il y a des demi-temps ou moitiés d'unité en notes; de même, il y a des demi-temps ou moitiés d'unité en *silences* représentés par ce signe 𝄾 (96). Dès lors, un temps, qui doit toujours renfermer la valeur d'une *unité*, peut être composé d'un demi-temps en note ♪ et d'un demi-temps en silence 𝄾, et *vice versa;* ce qui donne ♪𝄾 ou 𝄾♪ pour un temps.

Dans le premier cas, le silence tombant à la seconde moitié ou *partie faible* du temps, on ne le compte pas à *haute voix*, mais on l'observe, en détachant la note qui le précède. Dans le second cas, au contraire, le silence occupant la première moitié ou *partie forte* du temps, il faut, pour l'observer plus facilement, le compter en disant *chut* pour le premier demi-temps, comme on a fait pour les unités de silence, et solfier la note pour la seconde moitié du temps.

Remarque. — Conformément à notre système de notation, consistant à *grouper toujours sous une même barre tous les signes fractionnaires d'un même temps*, nous placerons toujours le demi-temps en silence sous la barre du demi-temps en note. Nous en agirons ainsi pour toutes les subdivisions du temps.

121. Etudiez les exercices suivants de la même manière que les précédents, en ayant soin d'observer et de compter les silences, comme nous venons de le dire.

DEUXIÈME SÉRIE D'EXERCICES.

De la Syncope par fractions de temps.

122. Ce que nous avons dit de la prolongation des temps (107-8-9), relativement à la *syncope par temps*, s'applique également aux prolongations des fractions de temps. Ainsi, lorsqu'une *partie faible* se prolonge sur une *partie forte*, il en résulte une *syncope* par fractions de temps. Voici un exemple de syncopes par demi-temps :

123. Parfois, dans l'écriture usuelle, la syncope par fractions de temps est représentée par une notation qui n'est pas aussi claire que la nôtre, et qui, pour être comprise, a besoin d'être expliquée. C'est ainsi que, pour représenter la prolongation des deux moitiés qui forment *syncope*, on emploie le signe de l'unité, qui, dans ce cas, n'est que la réunion de deux demi-temps en une seule note équivalente, dont la première moitié représente la partie *faible* d'un temps, et la seconde moitié, la partie *forte* du temps suivant.

Ex.: sync. au lieu de sync.

Lors donc que l'on rencontrera une semblable notation, on partagera, par la pensée, l'unité (la noire) *syncopée* en deux moitiés, dont la première représentera la fin d'un temps, et la seconde, le commencement du temps suivant. On en agira de même pour tous les cas analogues de syncopes par fractions de temps.

124. Il est facile de voir qu'une note doit être ainsi partagée : c'est lorsqu'elle est précédée et suivie d'une note qui ne peut à elle seule compléter un temps ou une fraction de temps.

125. Les syncopes par fractions de temps, déplaçant l'*accent rhythmique* régulier, comme la syncope par temps déplace l'accent de la mesure, il faut également les marquer par une articulation plus forte.

TROISIÈME SÉRIE D'EXERCICES.

2 1. mi- i fa 2. fa- a mi 3. 4.

5. 6. 7. 8.

9. 10. 11. Pour finir.

3 12. fa- a sol 13. 14.

15. 16. 17.

18. chut do- o 19. 20. Pour finir.

4 21. fa- a mi 22. 23. 24.

25. 26. do- o ré 27. 28. 29.

30. 31. 32. Pour finir.

De la Mesure en levant et en frappant.

126. Un morceau de musique peut indistinctement commencer par une mesure *complète* ou par une mesure *incomplète;* ou en d'autres termes, la première mesure d'un morceau peut commencer par tout autre temps que le premier, ou même par une fraction de temps.

Lorsqu'elle commence par le premier temps, cela s'appelle *commencer en frappant,* et, par opposition, on dit qu'elle commence *en levant,* lorsqu'il y manque soit le premier ou les premiers temps, soit même une ou plusieurs fractions de temps. Dans ces derniers cas, le complément de la première mesure doit se trouver à la fin de la reprise, s'il y en a une, ou à la fin du morceau; de sorte que la première et la dernière mesure se complètent mutuellement. (Voyez les n°s 1, 5, 6, 7, 8 des solféges suivants.)

Solféges, ou application résumée de ce qui précède.

REMARQUES. — Dans les solféges, *en général,* on prendra toujours pour *tonique* un son qui permette à la voix d'atteindre facilement aux notes extrêmes.

Pour plus de facilité, on peut aussi, après en avoir nommé les notes et indiqué la propriété de chacune d'elles, commencer l'étude des solféges par l'intonation seule, en les solfiant lentement et sans tenir compte de la mesure. Mais dès que l'on sera sûr de l'intonation, on les étudiera avec la mesure d'après les procédés connus.

N° 4. A deux voix égales.
1°
2°
p
N° 5.
N° 6. Moderato.
GLUCK.
1re partie.
2e partie.

Mélodie à deux voix égales.

Air allemand arrangé à 3 voix égales.

INTONATION.

SECONDE SECTION.

CHAPITRE HUITIÈME.

Des Signes altératifs du son des degrés naturels de la gamme, ou du Dièse ♯, du Bémol ♭ et du Bécarre ♮.

127. Jusqu'à présent nous n'avons appris à connaître qu'une partie des sons de notre système musical; nous allons maintenant le compléter.

Nous avons déjà vu dans l'introduction (3) qu'il y a une infinité de sons possibles depuis le plus grave jusqu'au plus aigu. Mais tous ces sons ne pouvant être pratiqués d'une manière déterminée dans la musique, on en a fait un certain choix à l'usage de notre système musical ([1]). Le nombre de ces sons montant à plus de cent, pour éviter la multiplicité des noms, on a eu l'idée d'en assujettir la nomenclature à une forme régulière et systématique, en les ramenant tous à *sept degrés principaux* ou *génériques*, qui se répètent d'octave en octave (3), et que l'on a désignés par les sept noms *do, ré, mi, fa, sol, la* et *si* (4). Tous les sons, ainsi que nous le verrons, portent un de ces noms, ou un nom dérivé de ceux-ci.

Nous avons également vu que ces sept sons, auxquels on ajoute l'*octave* du premier, forment entre eux une succession de 2 *tons*, 1/2 *ton*, 3 *tons et* 1/2 *ton*, à laquelle on a donné le nom de *gamme diatonique* (10).

128. Chacun des degrés naturels de la gamme diatonique peut être modifié dans son intonation, c'est-à-dire qu'il peut être *haussé* (élevé) ou *baissé*, sans changer de position sur la portée. Dès lors, toutes les lignes et interlignes de la portée étant déjà occupées par les sept notes de la gamme (17), il a fallu nécessairement imaginer des *signes altératifs* au moyen desquels une note, sans changer de position, pût à volonté exprimer soit un son plus *élevé*, soit un son plus *grave* que la note naturelle de la gamme.

129. Ces signes, que l'on place devant les notes dont l'intonation doit être *altérée*, sont au nombre de *cinq*, savoir: le *dièse* ♯, le *bémol* ♭, le *bécarre* ♮, le *double-dièse* 𝄪, et le *double-bémol* ♭♭.

A. Du Dièse ♯.

130. Le DIÈSE ♯ placé devant une note quelconque, a la propriété d'*élever d'un demi-ton*

([1]) Ce choix n'est point arbitraire; il est le produit immédiat de la double activité de nos facultés sentimentales et intellectuelles.

l'intonation de cette note, de manière à ce qu'*elle produise avec le son supérieur le même air que le* SI *avec le* DO.

131. Les notes ainsi *haussées* par un ♯, exprimant des sons différents, doivent également recevoir des dénominations différentes, dérivant des noms génériques de la même manière que les *notes diésées* dérivent des notes naturelles. C'est pour cette raison que nous donnerons la terminaison È (ai) à toutes les notes diésées, en conservant l'articulation du nom générique, excepté pour le **SI**, dont l'S, se trouvant déjà dans le nom *sol*, sera remplacée par **J.**

Voici, avec leurs noms, tous les sons *naturels* et *diésés* que renferme une octave :

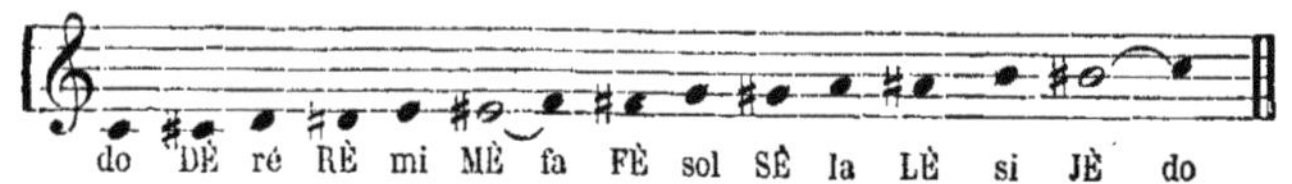

132. En comptant toutes les notes de cette gamme, nous trouvons quatorze noms différents, mais qui, en réalité, ne représentent que douze sons différents. Car, remarquons que le *mi* ♯, étant un demi-ton plus *élevé* que le *mi*, n'est autre chose que le *fa* (10); par la même raison, le *si* ♯ produit le même son que le *do;* il ne reste donc réellement que *douze* sons différents pour l'étendue d'une octave. (Vérifiez ci-dessus.) C'est là la nomenclature complète des sons employés dans notre système musical.

Comment on apprend à solfier les dièses.

133. La note *diésée*, ainsi que nous l'avons dit (130), devant produire avec le son supérieur le même air que le *si* avec le *do*, il faut la *serrer* contre la note supérieure comme on serre le *si* contre le *do*. Ce dernier intervalle va donc nous servir de modèle pour apprendre à attaquer les notes diésées.

Solfiez plusieurs fois de suite l'air *do-si-do*, en vous écoutant attentivement; répétez ensuite plusieurs fois, sur le même air et avec les mêmes sons, chacun des groupes de notes diésées de l'exercice suivant; ainsi :

Solfiez d'abord **DO-SI-DO**, répétez ensuite **RÉ-DÈ-RÉ** sur le même air.
— **DO-SI-DO**, — **MI-RÈ-MI** —
— **DO-SI-DO**, — **FÈ-MÈ-FÈ** —
— **DO-SI-DO**, — **SOL-FÈ-SOL** —
— **DO-SI-DO**, — **LA-SÈ-LA** —
— **DO-SI-DO**, — **SI-LÈ-SI** —
— **DO-SI-DO**, — **DÈ-JÈ-DÈ** —

Répétez l'exercice ci-dessus jusqu'à ce que vous soyez parvenu à l'exécuter, au moyen de la note supérieure, sans avoir besoin de recourir à l'air *do-si-do*.

EXERCICES SUR LES DIÈSES.

REMARQUE. — Dans les exercices suivants, que l'on solfiera avec les intonations écrites, les dièses n'agissent que sur les notes qu'ils précèdent immédiatement.

Si l'on est embarrassé par un dièse, on aura recours à l'air *do-si-do*, en donnant au *do* l'intonation de la note supérieure au dièse.

N° 1. En montant.

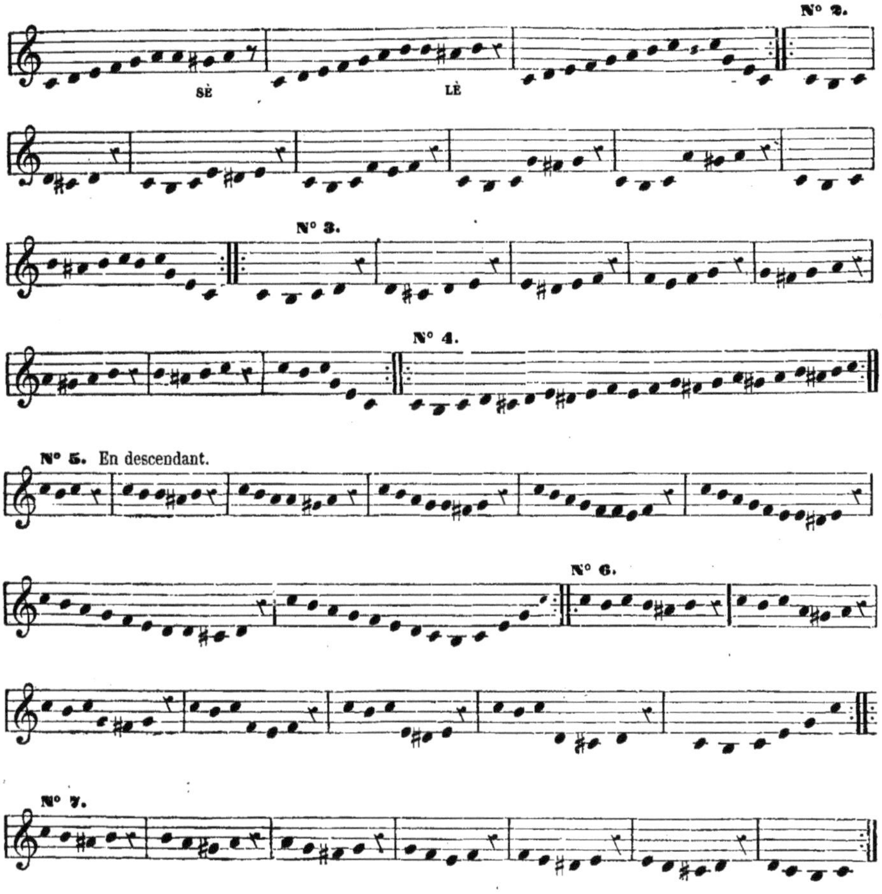
SÈ
LÈ
N° 2.
N° 3.
N° 4.
N° 5. En descendant.
N° 6.
N° 7.

B. Du Bémol ♭.

134. Le **BÉMOL** ♭ placé devant une note quelconque, agissant en sens inverse du dièse, *abaisse d'un demi-ton* l'intonation de cette note, de manière à ce qu'*elle produise avec le son inférieur* le même air que le *fa* avec le *mi*.

135. Les notes ainsi *baissées* par un ♭, exprimant, de même que les dièses, des sons différents, nous leur donnerons également des dénominations différentes. Ainsi toutes les notes *bémolisées* prendront la terminaison E (eu), comme les dièses ont pris celle d'È.

Voici, avec leurs noms, tous les sons *naturels* et *bémolisés* que renferme une octave :

DO DE SI JE LA LE SOL SE FA FE MI ME RÉ RE DO.

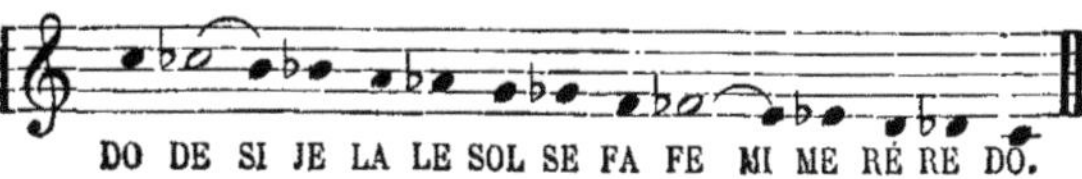

136. En comptant toutes les notes de cette gamme, nous trouvons, comme pour celle des dièses (132), *quatorze* noms différents. Mais remarquons encore ici que le *do* ♭ produisant, en raison de la fonction du bémol (134), le même son que le *si*, et le *fa* ♭ le même que le *mi*, il ne reste en réalité que *douze* sons différents pour l'étendue de l'octave, ainsi que nous l'avons déjà vu pour les dièses. (Vérifiez ci-dessus.)

137. Les sons qui ne diffèrent ainsi que par le nom, mais qui en réalité sont les mêmes, s'appellent SONS ENHARMONIQUES (1). Ainsi, *si* et *do* ♭, *mi* et *fa* ♭, de même que *mi* ♯ et *fa*, *si* ♯ et *do* (132), etc.... sont des *sons enharmoniques*.

Mais, se demandera-t-on sans doute au premier abord, pourquoi y a-t-il deux noms différents pour exprimer le même son? Pourquoi le *mi* s'appelle-t-il parfois *fa* ♭, et le *fa* parfois *mi* ♯? — Ces doubles dénominations, qui peuvent paraître superflues, ont cependant leur raison d'être; car, ainsi que nous le comprendrons plus tard, elles sont indispensables pour la clarté et l'orthographe de l'écriture musicale.

138. La gamme, dans laquelle on a ainsi intercalé tous les sons *diésés* ou tous les sons *bémolisés* qui ne s'y trouvent pas déjà sous un autre nom, c'est-à-dire sous leur nom *enharmonique*, s'appelle GAMME CHROMATIQUE.

Voici la gamme chromatique avec des *dièses* (A) en montant, et avec des *bémols* (B) en descendant :

Ex.: 

Comment on apprend à solfier les Bémols.

139. Les notes *bémolisées*, ainsi que nous l'avons dit (134), devant produire avec le son inférieur le même air que le *fa* avec le *mi*, il faut les *appuyer* sur la note inférieure, comme on appuie le *fa* sur le *mi*. Ce dernier intervalle nous servira donc de modèle pour apprendre à attaquer les notes bémolisées.

Solfiez plusieurs fois de suite l'air *mi-fa-mi*, en vous écoutant attentivement; répétez ensuite plusieurs fois, sur le même air et avec les mêmes sons, chacun des groupes de notes bémolisées de l'exercice suivant; ainsi :

Solfiez d'abord	MI-FA-MI,	répétez ensuite	DO-RE-DO	sur le même air.
—	MI-FA-MI,	—	RÉ-ME-RÉ	—
—	MI-FA-MI,	—	ME-FE-ME	—
—	MI-FA-MI,	—	FA-SE-FA	—
—	MI-FA-MI,	—	SOL-LE-SOL	—
—	MI-FA-MI,	—	LA-JE-LA	—
—	MI-FA-MI,	—	JE-DE-JE	—

Répétez l'exercice ci-dessus jusqu'à ce que vous soyez parvenu à l'exécuter au moyen de la note inférieure, sans avoir recours à l'air *mi-fa-mi*.

(1) Notre méthode étant basée sur le système du *tempérament*, le seul qui convienne à la musique pratique, nous n'admettons pas, comme l'enseignent les pythagoriciens, la différence d'un *comma* entre les notes *enharmoniques*.

EXERCICES SUR LES BÉMOLS.

REMARQUE. — Dans les exercices suivants, que l'on solfiera avec les intonations écrites, les *bémols* n'agissent que sur les notes qui les suivent.

Si l'on est embarrassé par un bémol, on aura recours à l'air *mi-fa-mi*, en donnant au *mi* l'intonation de la note inférieure au bémol.

C. Du Bécarre ♮.

140. Lorsqu'après avoir *diésé* ou *bémolisé* une note, on veut la rendre *naturelle*, on emploie le signe ♮, appelé *bécarre*.

Le BÉCARRE ♮ (*b* quadratum), placé devant une note quelconque, a donc la propriété de détruire l'effet du dièse ou du bémol précédent, et de remettre ainsi à son *intonation naturelle* la note qui a été *haussée* ou *baissée* précédemment.

Remarquons, sur cet exemple, que le *bécarre* a une double propriété : celle du *dièse* et celle du *bémol*. En effet, lorsqu'il supprime un dièse (A), il *baisse d'un demi-ton* l'intonation de la note diésée, et lorsqu'il supprime un bémol (B), il *élève d'un demi-ton* l'intonation de la note bémolisée. Plus tard, nous apprécierons l'utilité de cette simple remarque.

D. Du Double-Dièse 𝄪 et du Double-Bémol ♭♭.

141. Lorsque, dans de certaines circonstances que nous apprendrons à connaître plus tard, il est *nécessaire d'élever d'un demi-ton* une note déjà *diésée*, ou de *baisser d'un demi-ton* une note déjà *bémolisée*, on emploie le signe 𝄪, appelé *double-dièse*, ou cet autre ♭♭, appelé *double-bémol*.

A — Le DOUBLE-DIÈSE 𝄪 a donc la propriété d'*élever de deux demi-tons* le son de la note qu'il précède. (Voyez l'exemple A.)

B — Et le DOUBLE-BÉMOL ♭♭ a la propriété de *baisser de deux demi-tons* la note qu'il précède. (Voyez l'exemple B.)

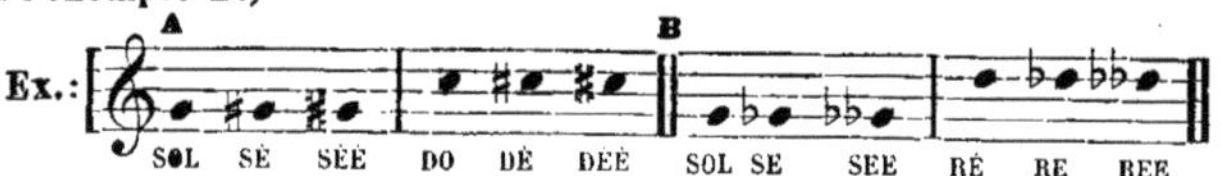

142. Les sons ne se *modifiant* que *successivement* par *demi-tons*, on ne peut employer les *altérations doubles* (𝄪 ou ♭♭) que lorsque les *altérations simples* (♯ ou ♭) ont déjà été employées. (Vérifiez ci-dessus.)

143. Le *bécarre* ♮ agissant également par *demi-tons*, il s'ensuit que pour *supprimer une altération double*, soit *dièse* ou *bémol*, il faut employer le *double-bécarre* ♮♮ (voyez l'exemple A) ; et pour *convertir une altération double*, soit *dièse* ou *bémol*, en *simple* ♯ ou ♭, on se sert du *bécarre simple* ♮ suivi du signe simple ♯ ou ♭ (voyez l'exemple B).

144. De tout ce qui précède, il résulte qu'*un son quelconque* peut, au moyen des notes *enharmoniques* (137), être représenté de trois manières différentes, et prendre ainsi le nom de trois *degrés consécutifs* de la gamme naturelle.

Ainsi le son DO peut aussi être représenté par SI ♯ ou RÉ ♭♭ et s'appeler JÈ ou REE.

— DO ♯ — RÉ ♭ — SI 𝄪 — RE — JÈÈ, etc.

La musique élémentaire n'ayant pas à rendre compte de l'objet et de la nécessité de ces dénominations multiples, nous nous bornerons à faire remarquer que les trois notes consécutives de chacune des deux lignes ci-dessus, exprimant un *seul et même son* dans notre système, sont des notes *enharmoniques*.

145. L'*altération* du son naturel peut avoir lieu pendant toute la durée d'un morceau de musique, ou ne se rencontrer qu'*accidentellement* dans le courant du morceau.

Dans le premier cas, l'altération est *constitutive* du ton (1), et les signes altératifs (♯ ou ♭), ainsi que nous le verrons, doivent se trouver à la clef (1).

Dans le second cas, l'altération n'est qu'*accidentelle*, et les signes ♯ ou ♭, appelés eux-mêmes *accidentels*, n'exerçant leur influence que dans la mesure où ils se trouvent, doivent immédiatement précéder la note *altérée* et être répétés à chaque mesure.

146. Nous avons dit (127) que tous les sons portent le nom de l'un des *sept degrés génériques* de l'échelle des sons, ou un nom dérivé de ceux-ci. Si nous comptons maintenant tous les sons *altérés* dont le nom dérive d'un même degré, nous voyons qu'une *note quelconque* peut, sans changer de position, exprimer *cinq* sons différents *à intervalle de demi-ton* et désignés par *cinq* noms différents, dont un *naturel*, deux *diésés*, et deux *bémolisés*.

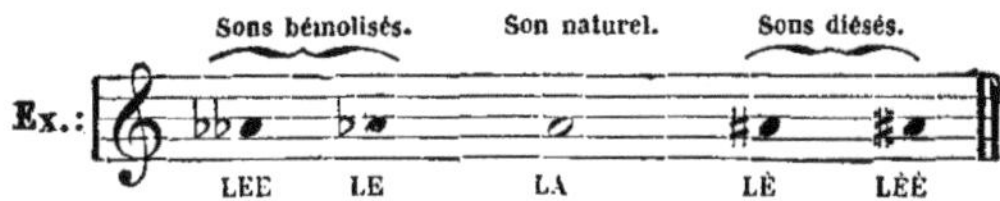

147. Enfin nous connaissons la nomenclature complète des sons de notre système musical. Nous savons maintenant que l'étendue d'une *octave* contient, outre les sept degrés génériques (*do, ré, mi, fa, sol, la, si*) de la gamme naturelle, encore *cinq sons intermédiaires* provenant de l'altération des premiers par le **DIÈSE** (*do* ♯, *ré* ♯, *fa* ♯, *sol* ♯, *la* ♯), ou par le **BÉMOL** (*ré* ♭, *mi* ♭, *sol* ♭, *la* ♭, *si* ♭). Ce qui donne, en résumé, **DOUZE SONS** différents pour l'étendue d'une *octave*, ou la gamme *chromatique* (138), ainsi qu'il a été dit plus haut. En voici le tableau complet :

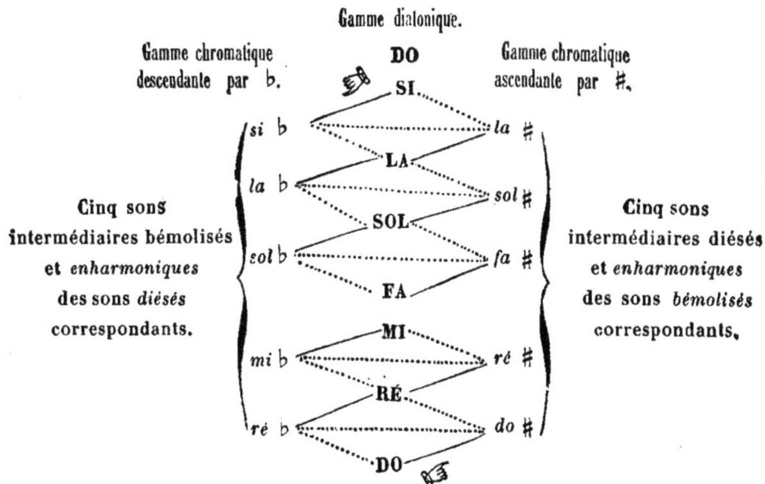

148. Le rapprochement des deux gammes chromatiques par ♯ et par ♭ nous montre :

1° Que les *sept notes naturelles*, étant communes aux deux gammes, ont conservé leur nom, leur position et leur intonation, tandis que les *cinq notes altérées* ♯ et ♭, tout en conservant réciproquement leur intonation *enharmonique* (137), ont changé de nom et de position.

(1) Voyez le chapitre de la formation des gammes.

2° Que chacun des *cinq tons* de la gamme diatonique (10), au moyen du *dièse* de la note *inférieure* et du *bémol* de la note *supérieure*, se trouve partagé en *deux demi-tons égaux*, dont l'un prend le nom de *demi-ton diatonique*, comme étant formé par deux notes qui occupent des positions différentes sur la portée (*do ♯-ré*); et l'autre, celui de *demi-ton chromatique*, comme étant formé par deux notes qui occupent la même position sur la portée (*do-do ♯*).

3° Enfin, que la *gamme chromatique* est une série de *treize sons* qui, tous de proche en proche, sont à *intervalles de demi-ton* (138). Ce qui donne une succession de *douze demi-tons* pour l'étendue d'une octave.

Du Canon et de la Coda; du Da Capo et du Renvoi.

149. On appelle **CANON** une composition à *deux* ou *plusieurs* voix dans laquelle les différentes parties dont elle se compose entrent l'une après l'autre, et répètent *successivement* le *même air*, note pour note, depuis le commencement jusqu'à la fin. (Voyez les nos 2, 4, 6 et 7 ci-après.)

On dit que le *canon* est à 2, 3, 4 ou un plus grand nombre de parties, suivant le nombre de voix qui répètent *successivement* le même air. (Voyez les nos 2, 4, 6 et 7 ci-après.)

En outre, les parties *successives* d'un canon peuvent répéter l'air de la première sur les mêmes degrés et dans la même octave, ou à un intervalle quelconque, soit *supérieur*, soit *inférieur*, depuis la *seconde* jusqu'à l'*octave*. Voilà pourquoi on distingue des **CANONS** à l'*unisson* ou à l'*octave*, à la *seconde*, à la *tierce*, etc., soit *supérieure*, soit *inférieure*. (Voyez les nos 2, 4, 6 et 7 ci-après.)

150. Les *Canons* peuvent s'écrire en partition (voyez le n° 4); mais, toutes les voix devant répéter le même air, ainsi que nous l'avons dit, on n'écrit le plus souvent qu'une seule partie, sur laquelle on indique, par les lettres **A**, **B**, **C**, **D**, etc., l'endroit où les autres parties doivent faire leur entrée. (Vérifiez ci-après.)

Ainsi, pour chanter les canons en *parties*, la *première voix commence seule* à la lettre **A**; mais lorsqu'elle est arrivée à la lettre **B**, la *seconde* voix fait son entrée à la lettre **A**; de même, lorsque la seconde voix est arrivée à la lettre **B**, la *troisième* voix fait son entrée à la lettre **A**, et ainsi de suite. Après avoir ainsi fait leurs *entrées successives*, toutes les voix, à mesure qu'elles sont arrivées à la fin, reprennent à la lettre **A**, et l'on recommence ainsi à volonté.

Lorsqu'il y a une **CODA** pour terminer, chaque voix, après être arrivée à la fin de sa partie, passe à sa lettre respective dans la Coda. (Voyez les nos 6 et 7.)

151. Les mots italiens **DA CAPO** (recommencez), ou leur abréviation **D. C.**, placés à la fin d'un morceau ou d'une reprise, signifient qu'il faut reprendre au commencement du morceau ou de la reprise. (Voyez les nos 2, 3, 4, 6 et 7.)

152. Le signe 𝄋 appelé **RENVOI**, signifie également qu'il faut recommencer à un signe semblable placé au commencement d'une reprise qu'il faut répéter jusqu'au mot **FIN**.

Quelquefois le *renvoi* est accompagné des mots *da capo al* 𝄋 qui veulent dire qu'il faut recommencer au renvoi.

Solféges, ou application résumée de ce qui précède.

(1) L'étude de ces solféges devra toujours être précédée de quelques exercices d'intonation sur les dièses et les bémols (pages 58 et 61). Quelques-uns de ces solféges étant assez difficiles d'intonation, on pourra les passer, sauf à y revenir plus tard.

N° 6. Canon à trois voix égales à l'unisson. L'abbé SCHWACH.

N° 7. Canon à trois voix égales à l'unisson. L'abbé SCHWACH.

Solfége à 3 voix égales.

N° 8. Moderato.

1re partie. 3

2e partie. 3

3e partie. 3

CHAPITRE NEUVIÈME.

(Suite du chapitre II.)

De la Constitution des Intervalles, ou du Rapport des Intervalles de même Nom entre eux.

153. Dans le chapitre deuxième (1), nous avons appris à connaître les intervalles, c'est-à-dire les *rapports* qui existent entre les différents degrés de la gamme diatonique, ainsi que les *noms numériques* de *seconde, tierce, quarte*, etc., qui servent à les exprimer. Il nous reste à examiner maintenant si tous les intervalles de même nom (il y en a *sept* de chaque espèce) sont *égaux* ou *inégaux* entre eux, et combien, dans le dernier cas, chaque espèce présente de variétés.

154. Etudions donc leur constitution intérieure, en comparant tous les intervalles de même nom entre eux.

(1) On repassera le chapitre II avant de commencer l'étude de celui-ci.

Remarquons d'abord que, tous les intervalles étant le produit de la superposition d'un nombre suffisant de *secondes successives* (32), l'intervalle de **SECONDE** est *l'unité constitutive* de tous les utres (29). D'où il suit que la connaissance des *secondes* nous donne également celle de tous les autres intervalles.

Comparons donc toutes les *secondes* entre elles. Il est facile de voir que ces secondes ne sont autre chose que les intervalles naturels qui séparent les différents degrés de la gamme. Or nous savons, par sa constitution, que la gamme se compose de *cinq tons* et de *deux demi-tons* (10); d'où il suit qu'il y a deux espèces de secondes, dont *cinq plus grandes* que les *deux* autres (1). Les cinq plus grandes, renfermant un ton, s'appellent **SECONDES MAJEURES**, et les deux plus petites, ne renfermant qu'un demi-ton, s'appellent **SECONDES MINEURES.**

On distingue de même dans tous les autres intervalles de même nom, ainsi que nous allons le voir, des *intervalles majeurs* et des *intervalles mineurs.*

155. Si nous comparons maintenant tous les intervalles de même nom entre eux, nous trouvons que la gamme comprend les intervalles suivants :

7 SECONDES, dont	5 majeures	*ré*/*do* | *mi*/*ré* | *sol*/*fa* | *la*/*sol* | *si*/*la*	contenant chacune........	1 ton.
	2 mineures	*fa*/*mi* | *do*/*si*	contenant chacune........................	1 demi-ton.
7 TIERCES, dont	3 majeures	*mi*/*do* | *la*/*fa* | *si*/*sol*	contenant chacune.................	2 secondes majeures.
	4 mineures	*fa*/*ré* | *sol*/*mi* | *do*/*la* | *ré*/*si*	contenant chacune...........	1 seconde majeure et 1 seconde mineure.
7 QUARTES, dont	1 majeure	*si*/*fa*	contenant..................................	3 secondes majeures.
	6 mineures	*fa*/*do* | *sol*/*ré* | *la*/*mi* | *do*/*sol* | *ré*/*la* | *mi*/*si*	contenant chacune	2 secondes majeures et 1 seconde mineure.
7 QUINTES, dont	6 majeures	*sol*/*do* | *la*/*ré* | *si*/*mi* | *do*/*fa* | *ré*/*sol* | *mi*/*la*	contenant chacune	3 secondes majeures et 1 seconde mineure.
	1 mineure	*fa*/*si*	contenant.................................	2 secondes majeures et 2 secondes mineures.
7 SIXTES, dont	4 majeures	*la*/*do* | *si*/*ré* | *ré*/*fa* | *mi*/*sol*	contenant chacune............	4 secondes majeures et 1 seconde mineure.
	3 mineures	*do*/*mi* | *fa*/*la* | *sol*/*si*	contenant chacune................	3 secondes majeures et 2 secondes mineures.
7 SEPTIÈMES, dont	2 majeures	*si*/*do* | *mi*/*fa*	contenant chacune.....................	5 secondes majeures et 1 seconde mineure.
	5 mineures	*do*/*ré* | *ré*/*mi* | *fa*/*sol* | *sol*/*la* | *la*/*si*	contenant chacune.......	4 secondes majeures et 2 secondes mineures.
7 OCTAVES		égales contenant chacune................................		5 secondes majeures et 2 secondes mineures.

156. Le tableau précédent nous montre :

1° Que tous les intervalles simples de même nom, excepté l'octave, comprennent, ainsi que les secondes, chacun deux espèces : ils sont également *majeurs* ou *mineurs* (vérifiez);

(1) Galin, dans son ouvrage précité, constate avec une rigueur mathématique l'égalité des *secondes majeures* entre elles, et celle des *secondes mineures* entre elles, puis l'inégalité des deux espèces de secondes entre elles, d'où il déduit toute la théorie musicale.

2° Que les intervalles *majeurs* ont un *demi-ton* de *plus* que les intervalles *mineurs* de même nom (vérifiez);

3° Que les intervalles *mineurs* ont respectivement autant de *secondes* que les intervalles *majeurs* de même nom. Ce qui les distingue, c'est que les intervalles mineurs ont une *seconde mineure* de PLUS et une *seconde majeure* de MOINS. Cela explique la différence qui existe entre les intervalles majeurs et les intervalles mineurs de même nom (vérifiez);

4° Que, par conséquent, un intervalle *majeur* devient *mineur* en en *retranchant* une seconde mineure; et réciproquement, un intervalle *mineur* devient *majeur* en y *ajoutant* une seconde mineure (vérifiez);

5° Que les trois plus petits intervalles, la *seconde*, la *tierce* et la *quarte*, sont *majeurs* s'ils ne renferment *pas un demi-ton*, et *mineurs* s'ils en renferment *un* (vérifiez);

6° Que les trois intervalles suivants, la *quinte*, la *sixte* et la *septième*, sont *majeurs* s'ils ne renferment qu'*un demi-ton*, et *mineurs* s'ils en renferment *deux* (vérifiez);

7° Que toutes les octaves sont *égales*, parce qu'elles renferment toute la gamme, qui est toujours composée de *cinq secondes majeures* et de *deux secondes mineures;*

8° Enfin, qu'à l'exception de la *quarte*, tous les intervalles simples dont la TONIQUE est la base, sont *majeurs* (vérifiez).

Du Complément ou du Renversement des Intervalles.

157. On appelle **COMPLÉMENT** d'un intervalle ce qu'il faudrait lui ajouter pour compléter une octave. Ainsi, le *complément* de la seconde $\left\{\begin{matrix} ré \\ do \end{matrix}\right\}$ (*a*) est la septième $\left\{\begin{matrix} do \\ ré \end{matrix}\right\}$ (*b*); le *complément* de la tierce $\left\{\begin{matrix} mi \\ do \end{matrix}\right\}$ (*c*) est la sixte $\left\{\begin{matrix} do \\ mi \end{matrix}\right\}$ (*d*).

Voici le tableau de tous les intervalles simples avec leurs compléments :

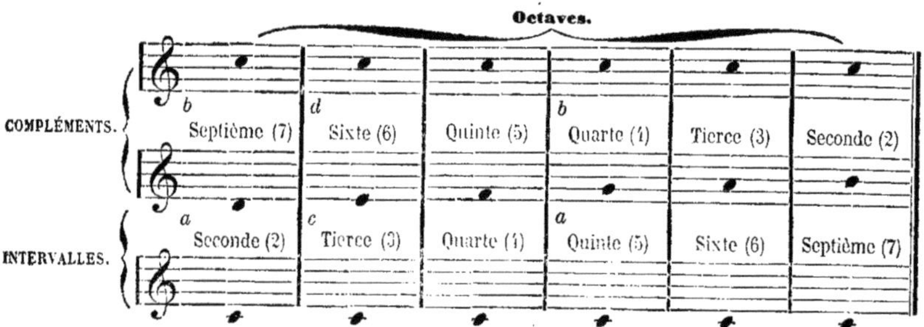

Remarquons sur ce tableau que, si l'on additionne les chiffres qui expriment la valeur numérique d'un intervalle et de son complément, bien que ces deux intervalles n'embrassent qu'une octave, on obtient cependant le nombre 9. (Vérifiez ci-dessus.)

La raison en est bien simple : c'est parce que le son *intermédiaire*, servant à la fois de *son supérieur* à l'intervalle et de *son inférieur* au complément, se trouve ainsi compté *deux fois*.

158. Concluons de là ces deux règles pratiques :

1° *Pour trouver le complément d'un intervalle, il faut* **AJOUTER** *à la valeur numérique de l'intervalle ce qui lui manque pour arriver à neuf.*

Ex.: Le complément d'une *tierce* est une *sixte*, puisque $3 + 6 = 9$.

2° Et réciproquement, ***pour trouver l'intervalle d'un complément, il faut*** **RETRANCHER** ***de*** **9** ***la valeur numérique du complément.***

Ex. : **Si le complément est une** ***quarte,*** **l'intervalle sera une** *quinte,* **puisque 9 — 4 = 5.**

159. La note ***inférieure*** **d'un intervalle et la note** *supérieure* **de son complément formant toujours une** *octave,* **il s'ensuit que plus un intervalle est** *grand,* **plus son complément est** ***petit,*** **et** *vice versa.* **Voilà pourquoi nous voyons, dans le tableau précédent, la ligne des compléments** ***décroître*** **dans la même proportion que celle des intervalles** ***augmente.*** **(Vérifiez.)**

160. D'où nous pouvons conclure cette autre règle pratique :

Tout intervalle **MAJEUR** ***a pour complément un intervalle*** **MINEUR;** ***et réciproquement, tout intervalle*** **MINEUR** ***a pour complément un intervalle*** **MAJEUR.**

Lors donc que nous aurons à apprécier un intervalle un peu étendu, pour savoir s'il est ***mineur*** **ou** ***majeur,*** **le** ***complément,*** **plus facile à saisir, nous fera connaître à laquelle des deux espèces il appartient.**

Ainsi, l'intervalle ***ré-do*** **est une** ***septième mineure,*** **puisque son complément** ***do-ré*** **est une** ***seconde majeure,*** **etc.**

161. Le complément se nomme aussi ***renversement,*** **parce que, le** *son supérieur* **de l'intervalle devenant** *son inférieur* **du complément, tandis que le** *son inférieur* **devient** ***son supérieur,*** **les deux notes de l'intervalle se trouvent** ***renversées*** **dans le complément.**

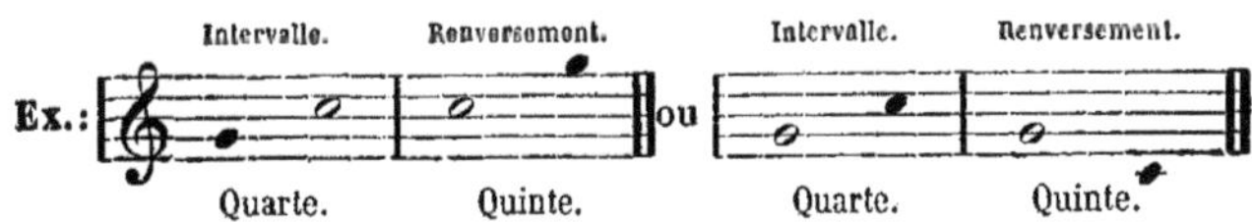

162. Voici le tableau comparatif de tous les intervalles de même nom avec leurs compléments respectifs :

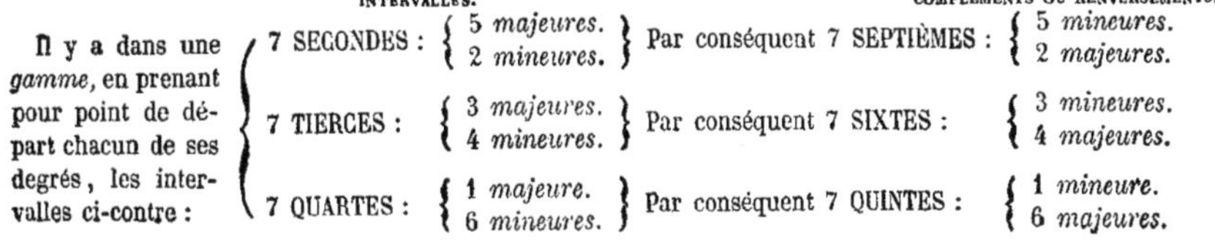

	INTERVALLES.			COMPLÉMENTS OU RENVERSEMENTS.
Il y a dans une *gamme,* en prenant pour point de départ chacun de ses degrés, les intervalles ci-contre :	7 SECONDES :	5 *majeures.* 2 *mineures.*	Par conséquent 7 SEPTIÈMES :	5 *mineures.* 2 *majeures.*
	7 TIERCES :	3 *majeures.* 4 *mineures.*	Par conséquent 7 SIXTES :	3 *mineures.* 4 *majeures.*
	7 QUARTES :	1 *majeure.* 6 *mineures.*	Par conséquent 7 QUINTES :	1 *mineure.* 6 *majeures.*

Et *vice versa.* (Lisez le tableau en sens inverse en remontant.)

APPLICATION RÉSUMÉE DE CE QUI PRÉCÈDE,

Ou Exercices sur tous les intervalles simples pratiqués sur chacune des notes de la Gamme, dans les limites de l'Octave.

OBSERVATIONS. — Les exercices ci-après sont combinés de manière à familiariser l'élève avec tous les intervalles *majeurs* et *mineurs* que l'on peut former avec les notes d'une même gamme sur chacun de ses degrés.

Afin de mettre en relief l'intervalle que l'on étudie dans chaque numéro, nous l'avons *noté* par des rondes (𝅝), tandis que les notes auxiliaires sont représentées par des *noires.* En outre, nous avons disposé ces intervalles d'après leur ordre de grandeur, en les faisant suivre chacun de son renversement, ainsi que l'indiquent les noms placés au-dessus de chaque exercice. (Vérifiez.)

En raison de leur utilité, on étudiera ces exercices en différentes fois, et l'on y reviendra jusqu'à ce que l'on en soit parfaitement maître. Mais, avant d'en commencer l'étude, on repassera dans le chapitre III (pages 20 et suivantes) les *principes d'intonation* qui y sont exposés, et dont ces exercices sont la pratique vivifiante.

On fera en outre, comme application de la théorie de ce chapitre, une analyse préalable de chacun des intervalles contenus dans ces exercices, pour savoir s'il est *majeur* ou *mineur*.

On changera de *tonique* toutes les fois que l'exercice sera trop *haut* ou trop *bas* pour l'étendue de la voix.

Intervalles sur la tonique DO.

Sur la médiante MI.
N° 12. Seconde supérieure.
Septième inférieure.
N° 13. Quarte supérieure.
Quinte inférieure.
N° 14. Quinte supérieure.
Quarte inférieure.
N° 15. Septième supérieure.
Seconde inférieure.
Sur la sensible SI.
N° 16. Tierce supérieure.
Sixte inférieure.
N° 17. Quinte supérieure.
Quarte inférieure.
N° 18. Septième
supérieure.
Seconde inférieure.
Sur la sous-dominante FA.
N° 19. Tierce supérieure.
Sixte inférieure.
N° 20. Sixte supérieure.
Tierce inférieure.
Sur la deuxième RÉ.
N° 21. Quinte supérieure.

DE LA MESURE.

SECONDE SECTION.

CHAPITRE DIXIÈME.

(Suite de la division binaire.)

Du Temps divisé par quatre, ou des Quarts de Temps.

163. Nous avons vu dans le chapitre VII que l'*unité de temps* se divise en *deux moitiés;* la moitié, à son tour, se subdivise en deux *quarts* appelés doubles-croches, ce qui donne *quatre quarts* ou doubles-croches pour l'unité. Le signe *caractéristique* de cette nouvelle division consiste en une double-barre qui réunit les quatre quarts (1) dont se compose l'unité (77).

Lors donc que l'unité est ainsi divisée en quarts, il faut solfier *quatre notes* pendant la durée d'un *même temps*, c'est-à-dire qu'il faut produire *quatre coups de gosier* par chaque mouvement

(1) Pour plus de clarté, nous coupons la seconde barre de deux en deux notes, afin de mieux faire voir que chaque groupe de *deux quarts* provient d'une *moitié divisée en deux*.

de main. D'où il suit que les quarts vont *deux fois plus vite* que les moitiés, et *quatre fois plus vite* que les unités de temps.

164. Pour s'habituer à passer quatre notes par temps, c'est-à-dire à produire quatre coups de gosier par chaque mouvement de main, il faut, ainsi que nous l'avons fait pour les moitiés (118), s'exercer :

1° *A prononcer* TRÈS-RÉGULIÈREMENT *les chiffres* 1, 2, 3, 4 *à des intervalles égaux et sans battre la mesure, en appuyant plus fortement sur* UN *que sur les trois autres;* puis on *remplacera les chiffres par les notes* DO, RÉ, MI, FA - SOL, FA, MI, RÉ, *que l'on répètera indéfiniment en* ACCENTUANT *la première* DO *et la cinquième* SOL;

2° *A battre les trois espèces de mesures, en prononçant*, comme précédemment, *d'abord* 1, 2, 3, 4, *puis* QUATRE NOMS DE NOTES *par chaque mouvement de main, et en* ACCENTUANT *de* QUATRE *en* QUATRE *chiffres ou notes.* Ex. :

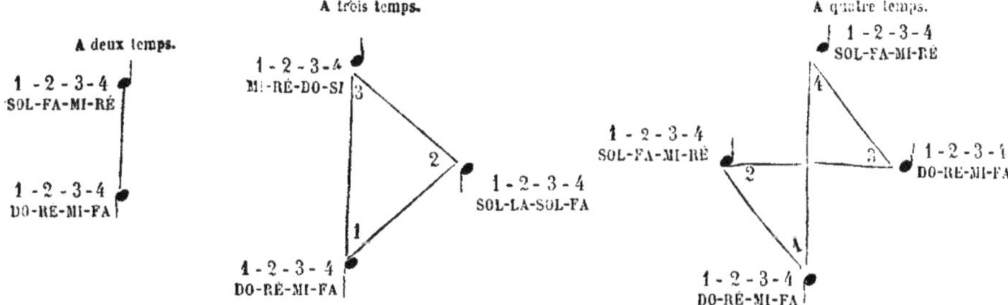

165. Il faut répéter les deux exercices préparatoires ci-dessus jusqu'à parfaite exécution, avant de passer aux exercices suivants, que l'on étudiera d'après les procédés ordinaires.

166. En combinant tous les éléments de durée que nous avons étudiés jusqu'à présent, un *temps* peut être composé soit de quatre *quarts*, soit d'une *moitié* en note ou en silence suivie de deux *quarts* ou, et *vice versa* de ou etc., puisque les diverses valeurs réunies de chacun de ces groupes n'ont que la durée d'une unité.

PREMIÈRE SÉRIE D'EXERCICES.

OBSERVATION IMPORTANTE. — Ayez bien soin d'*accentuer* toutes les notes *fortes* de chaque temps pour mieux en faire sentir la division rhythmique. Ainsi, le *troisième quart* commençant la seconde moitié du temps (1 2 3 4) est *fort* en comparaison du deuxième qui le précède, et du quatrième qui le suit.

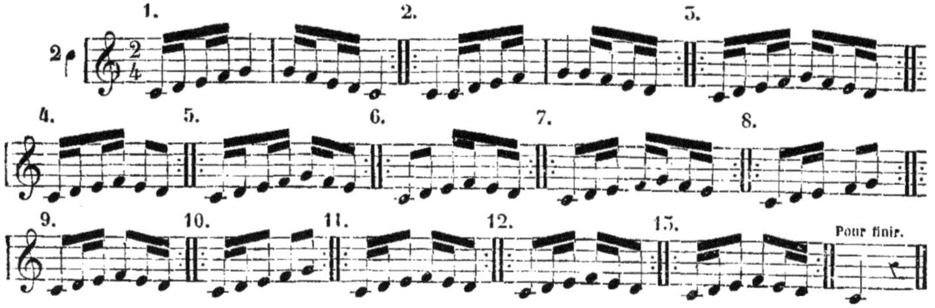

3 14. 15. 16. 17.

18. 19. 20. 21.

22. chu 23. chu 24. chu 25. chu chu

26. 27. 28. Pour finir.

4 29. 30. 31.

32. 33. 34.

35. chu chu 36. chu 37. chu

38. 39. 40. Pour finir.

Des Quarts de temps en Silence.

167. Nous avons déjà vu (94) que, tous les silences étant soumis à la même loi de division proportionnelle que les notes auxquelles ils correspondent, peuvent entrer avec celles-ci dans la composition des temps. Ainsi, aux signes précédents nous pouvons ajouter celui du quart de silence 𝄿, ce qui nous permet de faire de nouvelles combinaisons rhythmiques du temps.

Remarquons toutefois que lorsque ce silence tombe sur une *partie faible* (116), on l'observe en détachant la note qui le précède; et lorsqu'il tombe sur une *partie forte*, il faut, pour l'observer plus facilement, le compter en disant *chut*, comme on a fait pour le silence des moitiés, et solfier la note suivante immédiatement après.

DEUXIÈME SÉRIE D'EXERCICES.

OBSERVATION. — Lorsqu'on saura bien ces exercices en comptant les silences qui tombent aux parties fortes du temps, on les recommencera, mais en supprimant le *chu* dont on s'est aidé.

Du Point et de la Liaison, ou des Prolongations.

168. Ce que nous avons dit des prolongations, relativement aux demi-temps, s'applique également à celles des quarts de temps.

L'emploi du *point* et de la *liaison* offrant de nouvelles combinaisons rhythmiques, un temps peut être aussi composé de , ou de dont l'effet est identique (le même), ou de , etc.

Remarquons que la croche pointée ou la croche liée à une double croche , ce qui est la même chose, valant *trois doubles-croches*, dure les *trois quarts* d'un temps. Pour s'aider à exécuter ces prolongations, il faut, comme nous avons fait pour celles des demi-temps, les marquer par un *coup de gosier*, en prononçant *do-o*, *mi-i*, etc.; mais très-légèrement, puisqu'elles tombent sur la seconde moitié, ou *partie faible* du temps.

TROISIÈME SÉRIE D'EXERCICES.

OBSERVATION. — Lorsqu'on sera bien maître de ces exercices en marquant les prolongations par un coup de gosier, on les recommencera, mais, cette fois, en supprimant le coup de gosier.

CHAPITRE ONZIÈME.

De la Durée absolue des Sons, ou du Mouvement en musique et de ses indications. — Du Chronomètre ou Métronome.

169. Tout ce que nous avons dit jusqu'ici concernant la *mesure du temps* en musique, ne se rapporte qu'à la durée *relative* des sons et des silences entre eux; mais rien n'indique le **MOUVEMENT** (*tempo*), c'est-à-dire le degré de lenteur ou de vitesse avec lequel il faut battre la mesure. Cependant on conçoit que, si chacun était libre d'attribuer à l'unité de temps une *durée de*

fantaisie, et de donner ainsi à un même air tantôt une vitesse échevelée, tantôt une lenteur fatigante, l'intention du compositeur serait souvent dénaturée dans l'exécution. De là la nécessité d'indiquer la durée *positive* de l'unité de temps, qui seule détermine le mouvement qu'il faut donner à la mesure, et conséquemment au morceau lui-même. A cet effet, l'usage a consacré certains mots italiens qui, placés en tête des morceaux, indiquent, tant bien que mal, le mouvement qui convient au caractère et à l'expression de ces morceaux.

Remarquons toutefois que la variété dans la durée *positive* du temps ne change rien à la valeur relative des signes de durée entre eux. De telle sorte que souvent l'*unité de temps* d'un morceau vif passera avec plus de rapidité que le *quart de temps* d'un morceau lent.

170. Toutes les nuances de mouvement, depuis le plus lent jusqu'au plus rapide, peuvent être classés en cinq catégories principales, dont chacune renferme un certain nombre de mouvements intermédiaires.

Voici le tableau des mouvements les plus usités dans leur ordre de vitesse graduelle, en commençant par le plus lent :

1re CATÉGORIE. MOUVEMENTS très-lents.	2e CATÉGORIE. MOUVEMENTS moins lents.	3e CATÉGORIE. MOUVEMENTS modérés.	4e CATÉGORIE. MOUVEMENTS vifs.	5e CATÉGORIE. MOUVEMENTS très-vifs.
LARGO (large, très-lent).	LARGHETTO (un peu large).	MODERATO (modéré).	ALLEGRO, ALL° (gai, vif).	ALLEGRO ASSAI (très-animé).
ADAGIO (doucement).	MAESTOSO (avec majesté).	ALLEGRETTO (un peu gai).	ANIMATO (animé).	VIVACE (avec vivacité).
LENTO (lent, traînant).	ANDANTE (posément, allant).	COMMODO (commodément, à l'aise).	ALLEGRO CON BRIO (vif, avec éclat).	PRESTO (preste, vite).
GRAVE (grave, lourd).	ANDANTINO (moins posément).	ALLEGRO MODERATO (vitesse modérée).	ALLEGRO AGITATO (vif et agité).	PRESTISSIMO (très-vite).

171. Il est inutile de faire remarquer que tous ces termes italiens, fussent-ils encore bien plus nombreux, n'indiquent pas toutes les nuances possibles du mouvement en musique. Mais, lorsqu'on veut modifier le mouvement marqué par l'un d'eux, ou même indiquer l'expression qu'il convient de donner au morceau, on y joint *un* ou *plusieurs* des mots suivants :

Un poco,	un peu.	*Con moto*,	avec mouvement.
Molto ou *assai*,	beaucoup.	*Risoluto*,	avec résolution.
Non troppo,	pas trop.	*Sostenuto*,	soutenu.
Ma non troppo,	mais pas trop.	*Commodo*,	à l'aise.
Meno,	moins.	*Con fuoco*,	avec feu.
Più,	plus.	*Con anima*,	avec âme.
Mosso,	ému.	*Con calore*,	avec chaleur.

Etc. . . . .

C'est ainsi qu'on dit *Allegro con fuoco*, *Allegro risoluto*, *Andante con moto*, *Andante sostenuto*, *Allegretto ma non troppo*, etc.

172. Quand le mouvement doit être modifié dans le courant du morceau, on l'indique par les mots suivants :

Pour aller plus vite :		ou	Pour aller plus lentement :	
Più mosso,	plus vite.		*Più lento*,	plus lent.
Più vivo,	plus vif.		*Meno mosso*,	moins vite.
Più presto,	plus preste.		*Meno animato*,	moins animé.
Più stretto,	plus serré.		*Ritardando* ou *ritard.*,	en retardant.
Meno lento,	moins lent.		*Ritenuto* ou *rit.*,	en retenant.
Accelerando,	en accélérant.		*Rallentando* ou *ral.*,	en ralentissant.
Stringendo,	en pressant.		*Calando*,	en se calmant.

Et lorsqu'il faut revenir au mouvement primitif, on l'indique par les mots *tempo primo*, premier mouvement.

On emploie encore les expressions *ad libitum* (*ad lib.*) ou *a piacere*, à volonté, et *tempo rubato*, temps volé, quand un passage doit s'exécuter sans avoir égard à la durée exacte des sons, et selon le bon plaisir du chanteur. Les mots *a tempo* veulent dire que le chant redevient mesuré.

173. Mais qu'il y a de vague et d'indéterminé dans toutes ces expressions! De pareilles indications, comme dit M. Fétis, ne peuvent jamais être que des *à peu près* qui subissent autant de modifications qu'ils ont d'interprètes. En effet, pas plus que les signes de durée, ces expressions ne donnent le *mouvement absolu* de la mesure; elles disent seulement que le mouvement de tel morceau est plus vif ou plus lent que celui de tel autre morceau. Reste toujours la question de la *durée absolue* de l'unité de temps ou de mouvement. Mais cette durée, ainsi que nous l'avons déjà dit (71), ne peut être déterminée d'une manière *absolue* que par les oscillations du pendule astronomique.

A cet effet, on a imaginé toutes sortes de moyens. Le plus simple et à la fois le plus répandu, c'est le MÉTRONOME inventé par *Mælzel*. Cet instrument consiste en un petit mécanisme qui met en mouvement un balancier muni d'un centre de gravité mobile, et dont chaque vibration est rendue sensible à l'ouïe. Derrière le balancier se trouve une échelle graduée, indiquant le nombre de vibrations que fait le balancier dans une minute. Toutes les nuances de mouvement, depuis 40 jusqu'à 208 vibrations par minute, y sont exprimées. Ainsi, quand le compositeur écrit en tête de son morceau : MM ♩ = 60 ou MM ♩ = 120, cela veut dire que l'*unité de temps* doit durer la 60e ou la 120e partie de la minute, ce que l'on obtient en plaçant le centre de gravité sur 60 ou sur 120. De cette façon on est sûr de donner à chaque note sa durée absolue, et d'exécuter la musique exactement dans le mouvement voulu par l'auteur.

CHAPITRE DOUZIÈME.

De l'Intensité des Sons, en ce qui concerne l'expression en musique, et de ses indications.

174. Jusqu'ici nous n'avons parlé de l'*intensité* des sons qu'autant qu'elle sert à marquer l'*accent rhythmique* de la mesure. Il reste à la considérer sous le rapport des diverses nuances de douceur ou de force, qui donnent du coloris et de la physionomie aux sons, et dont le mélange bien ordonné contribue si puissamment à ce qu'on nomme EXPRESSION en musique.

Mais, celle-ci ayant plus besoin d'être *sentie* que raisonnée, nous ne pouvons que donner les différentes indications dont on se sert dans l'écriture musicale pour guider le chanteur dans l'expression qu'il doit mettre dans son chant afin de rendre la pensée de l'auteur.

Ces indications sont de plusieurs espèces : les unes sont relatives aux *différents degrés de force* ou d'*intensité des sons;* d'autres à quelques manières particulières de les exécuter; d'autres, enfin, indiquent de légères modifications de mouvement et d'accent.

A. Des Signes d'intensité.

175. Dans l'intensité des sons, comme dans les mouvements, on distingue *cinq degrés principaux*, que l'on exprime par les mots italiens suivants :

1° *Pianissimo*, par abréviation, *pp*, très-doux.
2° *Piano*, — *p*, doux.
3° *Mezzo forte*, — *mf*, moitié fort.
4° *Forte*, — *f*, fort.
5° *Fortissimo*, — *ff*, très-fort.

Mais encore ici, comme dans les mouvements, il y a une infinité de nuances intermédiaires dont voici les plus usitées :

Meno piano, moins doux.
Più piano, plus doux.
Mezza voce, } à demi-voix.
Sotto voce, }

Meno forte, moins fort.
Più forte, plus fort.
Poco forte, un peu fort.
Etc...

Le passage graduel et insensible du *piano* au *forte* s'exprime par les mots :

Crescendo ou *cresc.* (prononcez *chréchendo*), en augmentant la force peu à peu;
Poco a poco cresc., en augmentant peu à peu;
Cresc. al forte ou *al fortissimo*, en augmentant jusqu'au *f* ou *ff*.

Et le passage graduel du *forte* au *piano* est indiqué par les mots :

Decrescendo ou *decresc.*, ou *decr.*, } en diminuant la force peu à peu.
Diminuendo ou *dim.*, }
Dim. al piano ou *al pianissimo*, en diminuant jusqu'au *p.* ou *pp.*

En place de cette dernière expression, on emploie aussi les mots :

Smorzando ou *smorz.*, en éteignant le son.
Morendo ou *mor.*, en laissant le son mourir graduellement.
Perdendosi ou *perdend.*, en se perdant.
Mancando ou *manc.*, en affaiblissant le son peu à peu.

Lorsqu'un son doux doit être immédiatement suivi d'un son fort, on l'indique par *pf.* et le contraire par *fp.*

L'augmentation instantanée d'un *seul* ou d'un *petit nombre* de sons s'exprime par ce signe > ou ∧ ou par l'un des mots : *Sforzato* ou *sfz, forzando*, ou *fz, rinforzato* ou *rfz*, que l'on place au-dessus ou au-dessous des notes qui doivent être *accentuées* plus fortement.

Le *crescendo* qui n'affecte qu'une ou plusieurs notes s'indique par ce signe <, et le *decrescendo* par le signe contraire > que l'on place au-dessus ou au-dessous de la portée.

La réunion de ces deux signes <> embrassant plusieurs notes, indique un *crescendo* suivi d'un *diminuendo;* et lorsqu'ils sont placés sous une seule note, ils veulent dire que le son de cette note doit être *enflé graduellement puis diminué* dans la même proportion : c'est ce qu'on nomme *filer un son* (filar il tuono) ou *mise de voix* (messa di voce).

C'est à l'emploi judicieux de la *mise de voix* qu'on doit la plus grande partie des effets du chant, ainsi que le dit un des plus grands maîtres de l'Italie, Pachierotti : *Mettete ben la voce, respirate bene, pronunciate chiaramente, e vostro canto sarà perfetto.* (Posez bien la voix, respirez bien, prononcez clairement, et votre chant sera parfait).

B. Du Legato, du Staccato et du Point d'arrêt.

176. Lorsque les sons doivent être *liés* entre eux, on les surmonte d'une ligne courbe qui indique que toutes les notes qu'elle embrasse doivent être faites d'une seule émission de voix sans reprendre haleine. Quelquefois on indique la liaison par le simple mot *legato*, lié.

Lorsque la liaison ne s'étend que sur *deux notes*, elle prend le nom de *coulé*. Dans ce cas on *appuie* sur la première note en la coulant légèrement sur la seconde, qui perd la dernière moitié de sa valeur.

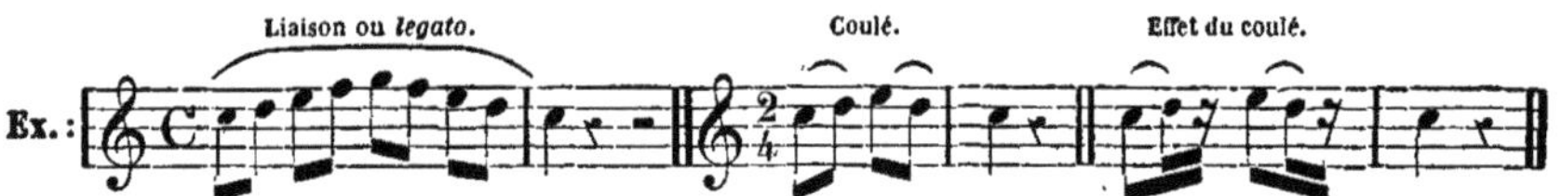

177. Le *détaché* ou *staccato*, qui est le contraire de la liaison, s'indique par des *points ronds* ou *allongés* (. ') placés au-dessus ou au-dessous des notes. Le staccato s'exécute en séparant les notes les unes des autres par de petits intervalles de silence (vérifiez ci-après).

Le point allongé, auquel on donne le nom de *piqué*, indique un son plus détaché et plus léger que le point rond.

Lorsque les notes doivent être détachées avec une certaine lourdeur, on les marque d'un point rond surmonté d'une liaison, ou de ce signe ∸ (vérifiez).

Pour ce dernier cas, on emploie aussi quelquefois les mots *ben pronunziato, ben marcato, accentuato, pesante*, etc., qui veulent dire qu'il faut marquer lourdement les notes ou les passages sous lesquels ils sont placés.

C. Des Signes modificatifs du Mouvement et de l'Accent.

178. Les altérations de mouvement et d'accent sont indiquées par les expressions suivantes :

Mouvement.		Accent.	
Ritardando,	retardant.	*Energico,*	avec énergie.
Più animato,	plus animé.	*Dolce,*	avec douceur.
Affrettando,	en accélérant.	*Ardito,*	hardiment, avec éclat.
Con gravità,	avec gravité.	*Con delicatezza,*	avec délicatesse.
Con moto,	avec mouvement.	*Con espressione,*	avec expression.
Etc.		Etc.	

Enfin, lorsqu'une note ou un silence doit être prolongé d'une durée indéterminée laissée au goût du chanteur, on les surmonte de ce signe 𝄐 ou 𝄑, appelé *point d'arrêt*, ou *point de repos*, ou improprement *point d'orgue*.

Solféges, ou application résumée de ce qui précède.

N° 4.
Moderato.
1re partie.
2e partie.
N° 5.
Fughetta à 2 voix.
Allegretto.
1 part.
2 part.

N° 6. Fughetta à 2 voix égales.

CHAPITRE TREIZIÈME.

DE LA DIVISION TERNAIRE DU TEMPS,

OU DE L'UNITÉ DIVISÉE EN TROIS.

Du Temps ternaire et de ses principales Compositions.

179. Jusqu'à présent, toutes nos études rhythmiques ont eu pour unique objet la *division binaire* du temps et ses subdivisions de même nom. Mais nous avons vu (77) que ce n'est pas là la seule division rhythmique du temps admise en musique, et qu'il en existe une autre dont l'emploi est très-fréquent : c'est celle qui divise l'unité en *trois tiers*, ou la **DIVISION TERNAIRE.**

On croira sans doute que, pour représenter les différentes fractions de cette nouvelle division, on a créé, comme dans la division binaire, un signe particulier pour chacune d'elles. Pourtant il n'en est rien; car, ainsi que nous l'avons déjà dit (75), on écrit les fractions ternaires avec les mêmes signes que les fractions binaires. Le seul signe qui ait été modifié (sans doute parce qu'il exprime toujours la même quantité?...), c'est l'*unité*, qu'on représente ici par la noire pointée (♩.). Mais, comme nous ne devons rien changer aux signes en usage, nous aurons soin, pour les distinguer, de grouper ceux de la division ternaire toujours par *trois*, comme nous avons groupé par *deux* ceux de la division binaire.

180. Voici le tableau de la *division ternaire* de l'unité avec ses subdivisions binaires et ternaires :

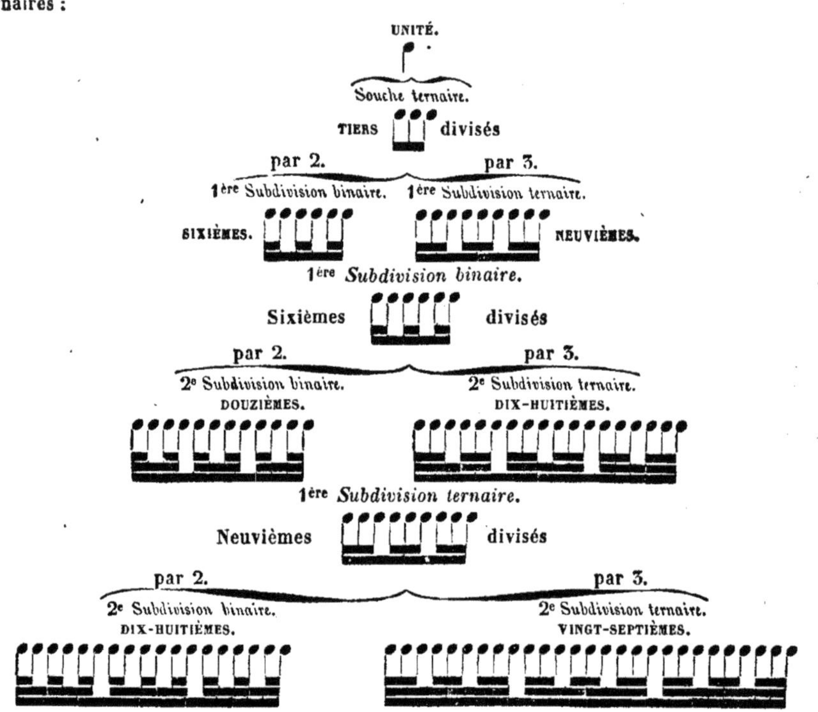

Nota. — Le professeur insistera sur ce tableau jusqu'à ce que les élèves l'aient bien compris dans tous ses détails. A cet effet, il l'analysera en le décomposant et en le reconstruisant lui-même sur le tableau noir, comme il a fait pour celui de la division binaire, et au besoin il le fera transcrire de tête par les élèves.

181. Nous venons de dire que l'unité de temps *ternaire* est représentée par la noire pointée ♩., qui se divise en *trois tiers* ou croches ♪♪♪ réunies par une barre : les deux premières croches sont pour la noire, et la troisième pour le point. Lors donc que l'unité est ainsi divisée en *trois tiers*, il faut solfier *trois* notes pendant la durée d'un temps, c'est-à-dire qu'il faut produire *trois coups de gosier* par chaque mouvement de main.

Remarquons que la noire pointée a la même signification dans la division ternaire que la noire ordinaire dans la division binaire, c'est-à-dire qu'elles expriment toutes les deux l'unité de temps, et qu'elles ont respectivement une durée équivalente. Ce qui les distingue, c'est que la première (la ♩.) se divise en *trois tiers*, tandis que la seconde se divise en *deux moitiés*. Par la même raison, les trois croches du *temps ternaire*, dont la première est *forte* et les deux autres *faibles*, ont une durée équivalente à celle des deux croches du *temps binaire*.

182. Pour s'habituer à passer *trois* notes par temps ou par chaque mouvement de main, il faut, comme nous avons fait dans la division binaire, s'exercer :

A compter TRÈS-RÉGULIÈREMENT 1, 2, 3 *à des intervalles égaux et en battant les trois espèces de mesures, en* APPUYANT *plus fortement sur* UN *que sur deux et trois; puis on remplacera les chiffres par des noms de notes que l'on* ACCENTUERA *de* TROIS *en* TROIS. (A faire répéter jusqu'à parfaite exécution.)

183. L'unité de silence du temps ternaire est représentée par un soupir pointé 𝄽., ou plutôt par un soupir suivi d'un demi-soupir 𝄽 𝄾, et le tiers de silence par un demi-soupir 𝄾. De même que la noire pointée est considérée comme une seule note (*une unité*), de même le soupir suivi d'un demi-soupir ne forme qu'un seul silence (*une unité*).

184. La mesure à *deux temps ternaires* s'indique au commencement du morceau par les chiffres $\frac{6}{8}$, que l'on prononce *six-huit;* la mesure à *trois temps ternaires* s'indique par les chiffres $\frac{9}{8}$ (prononcez *neuf-huit*), et celle à *quatre temps ternaires*, par les chiffres $\frac{12}{8}$ (prononcez *douze-huit*). Les numérateurs 6, 9 et 12 de ces fractions veulent dire que la mesure entière est composée de 6, 9 ou 12 notes, et les dénominateurs 8 signifient que ces notes sont des *huitièmes* de ronde ou des croches. (Nous reviendrons là-dessus plus tard.)

Pour plus de clarté, nous continuerons d'indiquer la mesure également d'après notre système. Ainsi, le signe 2 ♩. indiquera la mesure à 2 temps ternaires : le 2 veut dire *deux* temps, et la ♩. signifie que chaque temps vaut une noire pointée. De la même manière, le signe 3 ♩. indiquera la mesure à 3 temps ternaires, et le signe 4 ♩., celle à 4 temps ternaires.

OBSERVATION. — En raison de l'habitude qu'on doit avoir acquise de la mesure et de la division rhythmique du temps, nous ne donnerons plus, comme précédemment, des exercices spéciaux sur les silences et les prolongations. Nous mêlerons donc indistinctement dans la même série d'exercices tous ces éléments de durée, qui d'ailleurs conservent toujours la même signification et s'exécutent de la même manière. Nous compterons toujours les silences par *chut*, quand ils tombent à la partie forte des temps, et nous marquerons toutes les prolongations par un léger coup de gosier. Ainsi, lorsque le temps sera composé d'une noire et d'une croche, ou *vice versa*, la noire représentant deux croches ou les deux tiers du temps, nous prononcerons légèrement ♩ ♪ (doo ré) ou ♪ ♩ (do ré-é) pour faire sentir les deux *tiers* renfermés dans la noire.

PREMIÈRE SÉRIE D'EXERCICES.

NOTA. — Pour plus de facilité, on peut commencer l'étude de ces exercices en décomposant chaque mesure en *deux fois* trois temps, c'est-à-dire en considérant chacun des trois tiers du temps ternaire comme une unité de temps; ensuite on les étudiera tels qu'ils sont écrits, en battant la mesure comme elle est indiquée.

De la Subdivision binaire des Tiers, ou des Sixièmes provenant de la souche ternaire.

185. Nous avons vu (179) que la division ternaire de l'unité a produit les *tiers*, ou la souche ternaire représentée par trois croches. En appliquant la division binaire à la souche ternaire, c'est-à-dire en divisant chacune de ses croches en deux, on obtient trois groupes de deux doubles croches 1 2 3 4 5 6, ou *six sixièmes* pour une unité de temps (180). Les premières, troisièmes et cinquièmes notes sont *fortes*, parce qu'elles marquent le commencement de chaque *tiers* ou groupe de deux doubles croches.

186. Pour s'habituer à passer *six notes* par temps ou par mouvement de main, il faut s'exercer *à compter* TRÈS-RÉGULIÈREMENT 1, 2, 3, 4, 5, 6 *en battant les trois espèces de mesures et en* APPUYANT *sur* UN, TROIS *et* CINQ; *ensuite on remplacera les chiffres par des noms de notes que l'on* ACCENTUERA

légèrement de DEUX *en* DEUX *pour faire sentir les trois tiers d'où proviennent les sixièmes.* (A faire répéter jusqu'à parfaite exécution.)

187. Les sixièmes peuvent aussi être remplacés par des silences équivalents représentés par ce signe 𝄿. Quand ce silence remplace une note *forte* (la première de chaque groupe de deux sixièmes), on le compte, comme précédemment, en disant *chut.* Dans les prolongations, nous marquerons également toutes les notes *fortes* par un léger coup de gosier.

DEUXIÈME SÉRIE D'EXERCICES.

Solféges, ou application résumée de ce qui précède.

N° 1. Air connu.

Allegretto.

N° 2. Canon à 3 voix égales. SABBATINI.

A B C D. C. A

N° 3. Allegro. NICOLO.

1re partie. 2e partie. 3e partie.

cres. f

ff
ff
ff
N° 4. Moderato.
3
N° 5. Andante (de l'ouverture du Calife de Bagdad).
BOÏELDIEU.
1re partie. 2
2e partie. 2
p
p
più f
più f
(divisez cette partie)

1re fois.
2e fois.
pp
pp
pp
No 6. Canon à 2 voix égales.
Andante.
A
B
2
D. C. A
No 7.
Larghetto con moto.
1re partie.
2e partie.
3e partie.

Nota. — On pourra dès à présent faire étudier, comme application des connaissances acquises, les deux premiers des chœurs qui se trouvent à la fin du volume, et, au besoin, y en joindre quelques autres en *ut majeur*.

CHAPITRE QUATORZIÈME.

DE LA DIVISION MIXTE,

Ou des Triolets provenant de la Division ternaire accidentelle.

188. Nous savons que le *temps binaire* ou la noire se divise en deux *moitiés* ou deux croches, la croche en deux *quarts* ou doubles-croches, etc. Mais il arrive quelquefois que le compositeur, afin de donner plus de variété au rhythme, divise accidentellement la noire en trois croches, la croche en trois doubles-croches, etc., et réunit ainsi les formes binaires et ternaires dans une même mesure. C'est de cette réunion que résulte ce qu'on appelle la **DIVISION MIXTE.**

189. Les trois notes qui proviennent ainsi de la division ternaire accidentelle, forment ce que l'on désigne généralement sous le nom de **TRIOLET.** Pour le distinguer des deux notes binaires dont il tient la place, on le surmonte d'un 3. Ex.: [3] ou [3]. Remarquons que le triolet, étant un groupe de trois notes mises en place de deux (181), ne doit pas avoir plus de durée que les deux qu'il remplace. Ainsi, dans les exercices suivants les deux croches du temps binaire devront avoir la même durée que les trois croches du temps ternaire.

PREMIÈRE SÉRIE D'EXERCICES.

190. Lorsque les deux moitiés ou croches du temps binaire subissent la division ternaire accidentelle, le temps renferme deux groupes de *trois sixièmes*, ou deux *triolets* en doubles-croches [3 3] que l'on fait sentir en *accentuant* la *première* et la *quatrième* note. C'est précisément cette accentuation qui distingue les sixièmes ternaires des sixièmes provenant

des tiers divisés en deux, et qui donnent, ainsi que nous l'avons vu (185), trois groupes de deux doubles-croches. Aussi l'effet produit par ces deux espèces de sixièmes est-il bien différent.

OBSERVATION. — Pour plus de facilité, on peut commencer l'étude des exercices suivants en décomposant chaque temps en deux mouvements, un *levé* et un *frappé;* on les recommencera ensuite en battant la mesure indiquée.

DEUXIÈME SÉRIE D'EXERCICES.

CHAPITRE QUINZIÈME.

De la Vocalisation rhythmique de la Mesure, ou de la Lecture mesurée de la Durée des sons.

191. Nous avons déjà longuement insisté sur les principes de la mesure et sur les différentes divisions rhythmiques du temps. Mais nous savons par expérience que l'étude de cette importante partie de la musique présente souvent aux élèves de véritables difficultés que nous devons chercher à aplanir par tous les moyens possibles. En conséquence, aux procédés déjà connus et employés jusqu'ici, nous allons en ajouter un autre qui conduit sûrement à solfier en mesure. Ce procédé, qui n'est autre chose qu'une lecture mesurée de la durée des sons, et que nous nommerons pour cette raison VOCALISATION RHYTHMIQUE, consiste à se rendre compte de la durée exacte de chacune des fractions du temps sans y joindre l'intonation. Il est très-propre à bien faire sentir et à graver dans l'oreille l'effet que produisent les différentes divisions et subdivisions de l'unité, quelque compliquées qu'elles soient.

192. Pour étudier ainsi la mesure sans intonation, c'est-à-dire à l'aide de la *vocalisation rhythmique,* nous remplacerons les noms des notes par la syllabe TA pour les parties *fortes* du temps, et par LA pour les parties *faibles,* en donnant à chacune de ces syllabes la *durée* indiquée par la valeur des notes dont elles remplacent le nom.

Ainsi, pour l'unité, on dira *ta,* pour les deux moitiés *ta-la,* pour les trois tiers *ta-la-la,* en donnant à ces syllabes *toute la durée* des notes qu'elles représentent, et en *accentuant*

toutes les notes fortes représentées par *ta*. On observera la même loi d'accentuation pour les subdivisions *binaires* et *ternaires*, en *appuyant proportionnellement* sur toutes les parties fortes du temps, qui sont toujours marquées par *ta*, ainsi que l'indique le tableau ci-après. En un mot, nous *vocaliserons* la mesure de la même manière que nous l'avons solfiée, c'est-à-dire que nous prononcerons les syllabes *ta* et *la* comme nous avons prononcé le nom des notes en solfiant. Nous marquerons donc les prolongations par un léger coup de gosier, comme *ta-a* ou *la-a-a*, etc., et nous compterons les silences par *chu*, comme nous l'avons fait en solfiant. L'examen du tableau suivant, en complétant nos explications, donnera l'intelligence du procédé que nous venons d'indiquer.

Observation. — Pour s'exercer sur ce tableau, on battra successivement les mesures à 2, 3 et 4 temps, et l'on répétera chaque groupe au moins *cinq fois* de suite avec la même mesure. On aura soin de marquer toutes les notes fortes par *ta*, de manière à faire sentir l'origine de chaque groupe (la souche *binaire* ou *ternaire*) et le mode de division que l'unité a subie. Ensuite, on entremêlera à volonté les différents groupes des six colonnes.

Lorsqu'on sera suffisamment exercé sur le tableau, on reprendra, pour les vocaliser, d'abord rhythmiquement, puis en y joignant l'intonation, tous les exercices et solféges contenus dans les chapitres VII et suivants.

TABLEAU RÉSUMÉ DES PRINCIPALES COMPOSITIONS DU TEMPS BINAIRE ET DU TEMPS TERNAIRE.

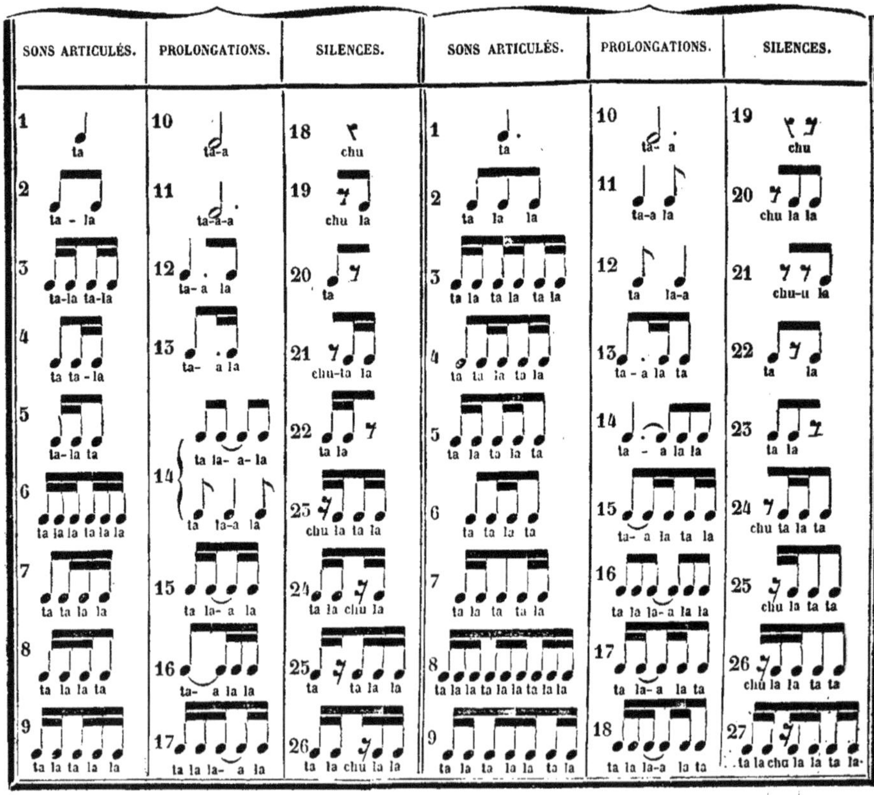

DU TEMPS BINAIRE			DU TEMPS TERNAIRE		
SONS ARTICULÉS.	PROLONGATIONS.	SILENCES.	SONS ARTICULÉS.	PROLONGATIONS.	SILENCES.
1 ta	10 ta-a	18 chu	1 ta	10 ta- a	19 chu
2 ta - la	11 ta-a-a	19 chu la	2 ta la la	11 ta-a la	20 chu la la
3 ta-la ta-la	12 ta- a la	20 ta	3 ta la ta la ta la	12 ta la-a	21 chu-u la
4 ta ta - la	13 ta- a la	21 chu-ta la	4 ta ta la ta la	13 ta - a la ta	22 ta la
5 ta-la ta	14 ta la- a- la / ta ta-a la	22 ta la	5 ta la ta la ta	14 ta - a la la	23 ta la
6 ta la la ta la la	15 ta la- a la	23 chu la ta la	6 ta ta la ta	15 ta- a la ta la	24 chu ta la ta
7 ta ta la la	16 ta- a la la	24 ta la chu la	7 ta la ta ta la	16 ta la la- a la la	25 chu la ta ta
8 ta la la ta	17 ta la la- a la	25 ta ta la la	8 ta la la ta la la ta la la	17 ta la- a la ta	26 chu la la ta ta
9 ta la ta la la		26 ta la chu la la	9 ta la ta la la ta la	18 ta la la-a la ta	27 ta la chu la la ta la

INTONATION.

TROISIÈME SECTION.

CHAPITRE SEIZIÈME.

Etude de la Clef de Fa (𝄢).

193. Jusqu'ici nous n'avons employé que la *clef de sol;* mais, comme l'usage de la *clef de fa* 𝄢 est très-fréquent, nous ne pouvons nous dispenser de l'étudier également.

A cet effet, nous procéderons comme nous l'avons fait pour la clef de *sol* (page 12). Ainsi, après avoir reconnu que la portée est l'image exacte de l'échelle des sons, c'est-à-dire que les notes se suivent par degré de ligne à interligne et réciproquement, selon l'ordre naturel des sons de la gamme, nous fixerons la clef de *fa* sur la quatrième ligne, et nous écrirons, pour les nommer ensuite, toutes les notes au-dessus et au-dessous du *fa.*

Ensuite, après avoir remarqué que les lignes, ainsi que les interlignes, laissant toujours un intervalle entre elles, portent la troisième note l'une de l'autre, en montant comme en descendant, nous écrirons, comme précédemment, cette nouvelle succession des notes.

De la même manière, nous remarquerons ensuite que les notes se suivent à intervalles de quinte de *deux en deux* lignes ou interlignes, et que, par conséquent, la seconde ligne ou interligne au-dessus ou au-dessous du point de départ porte toujours la cinquième note. Nous écrirons et étudierons donc cette nouvelle succession des notes.

Ensuite nous mélangerons toutes ces successions en passant de l'une à l'autre.

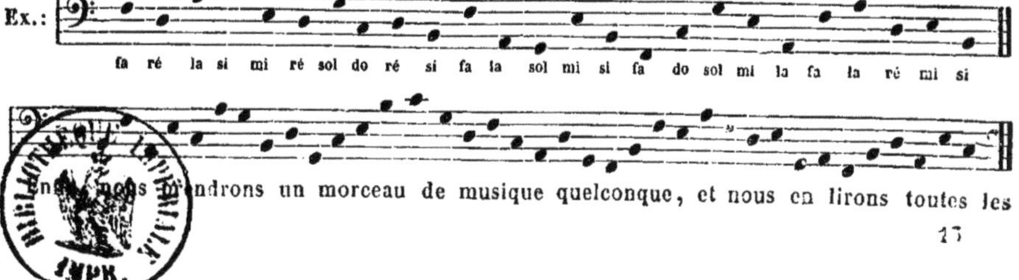

Enfin, nous prendrons un morceau de musique quelconque, et nous en lirons toutes les notes en suivant. Toutes les fois que nous ne connaîtrons pas une note, nous la chercherons en *décomptant*, degré par degré, à partir de la plus proche que nous connaissons.

Nota — Il est bien possible que cette méthode soit plus longue que celle qui consiste à apprendre par cœur les notes. Mais elle a l'avantage de mieux faire comprendre le rapport qui existe entre la notation et l'échelle des sons. En outre, cette manière de lire les notes par intervalles, en même temps qu'elle donne l'intelligence de ces derniers, facilite l'étude des autres clefs, dont le mécanisme est toujours le même.

Nous ne saurions trop recommander aux professeurs l'exercice écrit dont nous avons parlé (page 15, Nota) pour la lecture des notes.

Solféges, ou application résumée de ce qui précède.

CHAPITRE DIX-SEPTIÈME.

De l'origine des Clefs et de la Gamme modernes (1).

194. Il n'est plus douteux aujourd'hui que la musique et la notation actuelles dérivent de celles des Grecs. Ici, quelques détails historiques deviennent nécessaires pour faire comprendre les transformations successives que l'art musical et la notation des anciens ont subies jusqu'à ce jour.

195. La musique des Grecs reposait sur un système de quatre cordes ou sons dont l'ensemble a reçu le nom de *tétracorde*, du grec *tétra*, quatre. Ce fut là leur échelle élémentaire de sons, dont ils considéraient les extrêmes comme invariables. Une série de tétracordes conjoints ou disjoints ajoutés les uns aux autres, comme le sont nos octaves, formait l'échelle générale des sons de leur système. Ainsi, l'intervalle de quarte était alors pour eux ce que l'octave est aujourd'hui pour nous.

196. Dans les premiers temps de l'écriture musicale, les sons étaient représentés par des espèces de signes sténographiques, appelés *neumes*, dérivant sans doute des signes accentuaires des Hébreux. Mais aussitôt que les Grecs connurent les lettres de l'alphabet, ils s'en servirent dans leur musique comme dans toutes leurs sciences (2). Les Latins, et plus tard les Romains, les imitèrent dans cette pratique.

Dans le principe, on employait autant de lettres différentes qu'il y avait de sons différents à exprimer. Mais, lorsqu'on eut remarqué que les sons se reproduisaient toujours dans le même

(1) Ce chapitre s'adresse spécialement aux professeurs; néanmoins il pourra être lu avec intérêt par les élèves.

(2) C'est dans la Phrygie que parut la première forme musicale représentée par les caractères alphabétiques.

ordre de sept en sept degrés, on réduisit le nombre de ces lettres aux sept premières, dont on changeait la forme ou que l'on redoublait suivant l'octave que l'on voulait indiquer (1). C'est ainsi que les majuscules A, B, C, etc., exprimaient la première série ou octave, les minuscules *a, b, c*, etc., la deuxième, les dernières redoublées *aa, bb*, etc., la troisième, et ainsi de suite.

197. Cet état de choses dura jusqu'au commencement du XIe siècle, époque où *Guido d'Arezzo* (2) amena dans les idées alors reçues une révolution qui eut sur l'art musical une influence analogue à celle que, quelques siècles plus tard, l'invention de Guttemberg exerça sur les progrès des connaissances humaines. Guido, qui simplifia la notation ancienne, donna plus d'étendue à l'échelle des sons et régularisa l'enseignement élémentaire en établissant une nouvelle solmisation, est à juste titre regardé comme le fondateur du système moderne.

Avant lui, les lettres de la notation se plaçaient au-dessus des syllabes dont elles indiquaient l'intonation. Frappé des difficultés que présentait la lecture musicale avec cette notation, Guido eut l'idée de représenter les sons par des *points* ou notes placés sur différentes lignes parallèles, à chacune desquelles une des lettres usitées servait de clef (3). Le nombre de ces lignes n'étant pas rigoureusement déterminé, on les multipliait selon le besoin. Cependant on pense généralement que l'échelle générale se composait de *vingt-deux* lignes.

198. Mais le novateur, rencontrant de nouvelles difficultés de lecture dans cette multiplicité de lignes, perfectionna bientôt sa première idée en écrivant les notes aussi bien dans les espaces (interlignes) que sur les lignes; ce qui lui permit de disposer son échelle sur *onze* lignes, au lieu de vingt-deux.

Guido, s'étant ainsi débarrassé de la moitié des lignes, et par suite d'autant de lettres, conserva cependant trois de ces dernières, les majuscules F, C, G, pour indiquer la région que chaque voix occupait, soit au grave, soit au médium, soit à l'aigu, dans l'échelle générale. C'est de ces trois lettres, F, C, G, dont la forme gothique s'est altérée graduellement, que nos clefs actuelles 𝄢 𝄡 𝄞 tirent leur nom, leur forme et leur usage.

199. Novateur hardi et sage à la fois, Guido ne s'en tint pas là, ainsi qu'on va le voir; sa réforme, largement conçue, était radicale et portait l'ordre dans toute la pratique musicale de son époque. Aimant mieux, comme il le disait lui-même, être *surabondant que défectif*, il donna une plus grande étendue au système vocal d'alors, en ajoutant une note au grave et quatre à l'aigu; en sorte que sa nouvelle échelle, qu'il divisa en *sept hexacordes* (du grec *hex*. six), s'étendait du *sol* grave au *mi* de la troisième octave. La note ajoutée au grave étant l'octave du G (sol), il la désigna par le *G* des Grecs (Γ), appelé *gamma*; et c'est de là que l'échelle élémentaire des sons prit dès lors le nom de GAMME.

200. Cependant, frappé plus tard des difficultés que l'emploi de ces lettres présentait aux commençants pour l'étude des solféges, le Moine, ayant remarqué que l'ancien chant de l'hymne à St Jean-Baptiste s'élevait d'un degré sur la première syllabe de chaque vers (vérifiez

(1) Cette réduction aux sept premières lettres de caractères différents est attribuée, selon les uns, au pape S. Grégoire; selon les autres, à *Eudes* ou *Odon*, abbé de Cluny.

(2) *Guido d'Arezzo* ou Gui l'Arétin, moine bénédictin de l'abbaye de Pomposa, est né dans l'ancienne ville d'Arétium, aujourd'hui Arezzo, vers l'an 990. Il aurait fini ses jours vers l'an 1050, dans l'établissement des camaldules.

(3) On a prétendu que cette disposition avait existé avant Guido; mais cette assertion paraît invraisemblable.

ci-dessous), fit de cette hymne le morceau typique de l'intonation. A cet effet, il la disposait de la manière suivante :

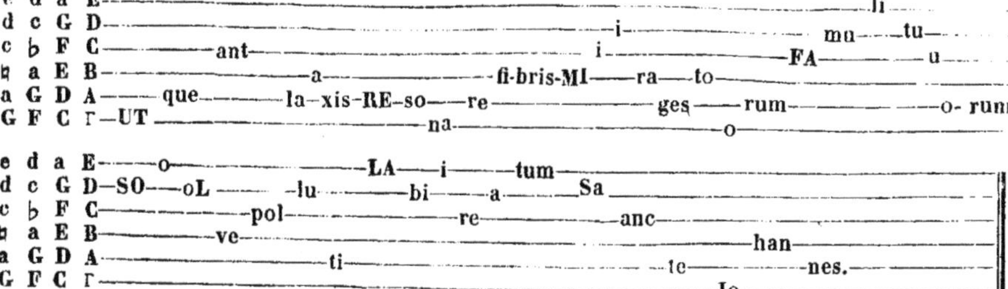

201. Il est inutile de faire remarquer les noms des six notes de l'hexacorde; l'œil du lecteur les lui a appris avant nous. Nous ne dirons donc qu'un mot des *lettres-clefs* placées au commencement de chaque ligne. Mais il faut que le lecteur sache d'abord que Guido, pressentant, sans se l'expliquer, la force de la tonalité, avait instinctivement combiné ses hexacordes de manière à ce qu'il y eût toujours un demi-ton du troisième au quatrième degré. Voici l'échelle guidonienne avec sa division et la position respective de chacun des sept hexacordes :

		Grande échelle.	HEXACORDES.						
20		ee.							ee la
19		dd.						dd la	dd sol
18	½ ton	cc.						cc sol	cc fa
17		♮♮.							♮♮ mi
	½ ton	♭♭.						♭♭ fa	
16		aa.					aa la	aa mi	aa ré
15		g.					g sol	g ré	g ut
14	½ ton	f.					f fa	f ut	
13		e.				e la	e mi		
12		d.			d la	d sol	d ré		
11	½ ton	c.			c sol	c fa	c ut		
10		♮.				♮ mi			
	½ ton	♭.			♭ fa				
9		a.		a la	a mi	a ré			
8		G.		G Sol	G Ré	G Ut			
7	½ ton	F.		F Fa	F Ut				
6		E	La	E Mi					
5		D	Sol	D Ré					
4	½ ton	C	Fa	C Ut					
3		B	Mi						
2		A	Ré						
1		Γ	Ut						
			1er	2e	3e	4e	5e	6e	7e

Maintenant, on a sans doute déjà deviné que ces lettres-clefs avaient pour but d'indiquer les différentes positions de l'hexacorde sur la grande échelle, et que la mélodie *Ut queant* servait de terme de comparaison pour trouver les différentes intonations. Toute la difficulté consistait donc dans la substitution d'une position à l'autre, puisqu'il fallait toujours comparer le demi-ton à celui de *mi* à *fa*. Cette manière bizarre de solfier, qui fut longtemps le tourment des maîtres et des élèves, s'appelait *chanter par muances*, du latin *mutare*, changer.

202. Cependant ce procédé parut si heureux et prit tant de faveur, que le chant par muances se répandit bientôt par toute l'Europe et se consolida au point que l'on finit par s'habituer à désigner les degrés de l'échelle par la première syllabe de chaque vers de l'hymne précitée. L'usage en devint si général, que l'on s'en servit dans les études élémentaires du chant : cet exercice s'appela *solfége*, du nom des deux notes *sol*, *fa*. Telle est l'origine des noms *ut*, *ré*, *mi*, *fa*, *sol*, *la*, dont nous nous servons pour désigner les degrés de la gamme.

203. On a sans doute remarqué que, bien qu'il y existât, le son B n'avait pas reçu de dénomination particulière dans le système de Guido. On l'appelait B carré (♮) quand on le chantait un ton au-dessus du *la*, et B mol (♭), quand il ne se trouvait qu'à un demi-ton au-dessus de cette note : de là l'origine du ♮ et du ♭ actuels. Cet usage subsista jusqu'au commencement du XVIIe siècle, époque où l'invention du SI amena une nouvelle révolution dans le système musical. Cette introduction du *Si*, attribuée au Flamand *Van der Putten* (1), donna naissance à une nouvelle échelle élémentaire de sept notes, *ut*, *ré*, *mi*, *fa*, *sol*, *la*, *si*, et par suite à l'*octave* (du latin *octavus*, huitième). Cette nouvelle série tonale ayant été reconnue comme la base de toutes les autres et la plus conforme à notre organisation, se répandit si bien, que l'on abandonna totalement le chant par muances et la division par hexacorde pour adopter la division par *octave*, qui résultait de la superposition de la nouvelle échelle. C'est ainsi que celle-ci devint la base du système moderne, et arriva jusqu'à nous sous le nom de **GAMME DIATONIQUE**.

CHAPITRE DIX-HUITIÈME.

Des Modes majeur et mineur, considérés dans leur détermination de la tonalité moderne.

204. L'introduction du SI ayant donné naissance à une nouvelle division de l'échelle musicale, et, par suite, à une nouvelle *tonalité*, ainsi que nous allons le voir, le système par *octave* a servi de base à notre musique moderne. Dès lors l'échelle élémentaire des sons se trouva composée des sept degrés génériques *ut-ré-mi-fa-sol-la-si* (203), dont l'ensemble a reçu le nom de *gamme diatonique* (2). Mais, chacun de ces degrés pouvant exprimer *cinq* sons différents (146), dont chacun peut être le point de départ d'une gamme (57), on conçoit l'infinie variété de rapports qui peuvent exister entre les divers degrés de l'échelle des sons. Ainsi, avec les sept noms génériques, on pourrait avoir les combinaisons *ut-ré-mi-fa-sol*, etc..., ou *ut*♯*-ré-mi-fa*, etc...,

---

(1) La syllabe SI est formée avec les initiales *s* et *i* de *Sancte Johannes*, dernier vers de la strophe précitée.

(2) Ce mot, tiré du grec *dia*, par, et de *tonos*, ton, signifie *par tons*. Il avait une signification juste dans la musique ancienne, où tous les modes diatoniques représentaient un seul et même système de tonalité ; mais il est vide de sens dans notre musique *transitonique*, qui a mêlé tous les genres.

ou *ut-ré♯-mi-fa*, etc..., ou *la-si-ut-ré*, etc..., ou *la-si♭-ut-ré*, etc..., ou *la-si-ut♯-ré*, etc..., ou *la♭-si♭-ut♭-ré*, etc...

205. **Parmi toutes ces combinaisons possibles, on en distingue *deux* principales, comme étant la position normale, la base de toutes les autres, et même de la musique tout entière. On leur a donné le nom de MODES** (1)**, du latin *modus*, manière d'être, et on les a qualifiés de MAJEUR et de MINEUR.**

Ces modes, improprement appelés ainsi, remplissent dans la musique moderne une fonction analogue à celle des *genres* anciens dans la musique des Grecs. Les Allemands les nomment donc avec raison *Tongeschlecht*, genre du ton. En effet, les modes *majeur* et *mineur* sont à notre musique ce que les genres *masculin* et *féminin* sont aux langues.

206. **Bien que chacun des deux modes ou genres renferme les sept degrés élémentaires de l'échelle des sons, ils diffèrent cependant entre eux par leur constitution tonale, c'est-à-dire par la disposition intérieure de leurs intervalles constitutifs. Voilà pourquoi on les a distingués en majeur et en mineur.**

207. **Pour nous faire une idée bien nette de la constitution tonale de chacun des deux modes, exprimons-la par une formule générale appliquée au cas particulier de la position d'*ut*. Et, comme en parlant aux yeux on soulage l'esprit, mettons les deux formules en regard, en laissant un espace respectivement proportionnel entre leurs termes constitutifs :**

(Lisez ce tableau par en bas.)

Constitution du mode majeur.		Propriétés des notes.		Constitution du mode mineur.
	do	**TONIQUES-OCTAVES**	*do*	
Seconde mineure ou ½ ton				Seconde mineure ou ½ ton.
	si	**SENSIBLES**	*si*	
Seconde majeure ou 1 ton				Seconde maxime ou 1 ton ½.
	la	**SIXIÈMES**	*la♭*	
Seconde majeure ou 1 ton				Seconde mineure ou ½ ton.
	sol	**DOMINANTES**	*sol*	
Seconde majeure ou 1 ton				Seconde majeure ou 1 ton.
	fa	**SOUS-DOMINANTES**	*fa*	
Seconde mineure ou ½ ton				Seconde majeure ou 1 ton.
	mi	**MÉDIANTES**	*mi♭*	
Seconde majeure ou 1 ton				Seconde mineure ou ½ ton.
	ré	**DEUXIÈMES**	*ré*	
Seconde majeure ou 1 ton				Seconde majeure ou 1 ton.
	do	**TONIQUES**	*do*	

208. **La comparaison des échelles majeure et mineure nous fait voir que les deux modes, ayant *cinq* notes communes, ne diffèrent entre eux que par la *médiante* et par la *sixième*, qui, dans le mode majeur, forment des intervalles *majeurs* avec la tonique inférieure, et dans le mode mineur, des intervalles *mineurs* avec cette même tonique. La médiante et la sixième étant dès lors les notes caractéristiques du mode, on leur a donné le nom de *notes modales*. En effet, elles**

(1) Ce mot, emprunté au vocabulaire de la musique ancienne, a une tout autre acception aujourd'hui ; il indique la constitution tonale, c'est-à-dire la disposition et l'ordre de succession des sons des gammes majeure et mineure.

déterminent la nature du mode, puisque celui-ci est *majeur* ou *mineur*, suivant que les modales forment avec la tonique inférieure des intervalles *majeurs* ou *mineurs*.

209. D'où il suit que, pour passer d'un mode à l'autre, il suffit de transformer les modales *majeures* en *mineures*, ou les *mineures* en *majeures*.

Ainsi, pour passer du *majeur* au *mineur*, il faut *bémoliser* ou abaisser les modales *majeures* pour en faire des modales *mineures;*

Et réciproquement, pour transformer une gamme *mineure* en gamme *majeure*, il faut *diéser* ou hausser les modales *mineures* pour en faire des modales *majeures*. (Vérifiez ci-dessus.)

Nous reviendrons là-dessus au chapitre des modulations, où nous donnerons le tableau complet des gammes majeures et mineures.

210. Pour résumer ce qui précède, disons :

Que les gammes majeures et mineures, renfermant les sept degrés primordiaux de l'échelle des sons, ont pour limites deux notes à l'octave;

Que la gamme *majeure* est une succession invariable de 2 secondes majeures, 1 seconde mineure, 3 secondes majeures et 1 seconde mineure, ou, ce qui est la même chose, une suite de :

1 ton, 1 ton, $\frac{1}{2}$ ton, 1 ton, 1 ton, 1 ton, $\frac{1}{2}$ ton;

Que la gamme *mineure* est une succession invariable de 1 seconde majeure, 1 seconde mineure, 2 secondes majeures, 1 seconde mineure, 1 seconde maxime et 1 seconde mineure, ou, ce qui est la même chose, une suite de :

1 ton, $\frac{1}{2}$ ton, 1 ton, 1 ton, $\frac{1}{2}$ ton, 1 $\frac{1}{2}$ ton, $\frac{1}{2}$ ton;

Enfin, que les deux gammes diffèrent entre elles par les modales, la *médiante* et la *sixième*, d'où dépend le caractère du mode (vérifiez ci-dessus).

211. Cette disposition invariable des sons de la gamme des deux modes a pour conséquence immédiate de donner à ces sons certaines propriétés tonales en vertu desquelles chacun d'eux remplit une fonction spéciale dans la musique (39). C'est dans ces propriétés constitutives des sons, dont nous avons fait l'analyse au chapitre III, que résident les lois de la *tonalité* moderne. En effet, changez l'ordre de succession des sons dans les gammes majeure et mineure, intervertissez une seule de leurs distances, et la plupart des propriétés des sons disparaîtront, et avec elles le caractère de la tonalité.

212. Ce qui caractérise la tonalité moderne et la distingue de l'ancienne tonalité du plain-chant, ce sont les attractions de la sensible vers la tonique, et de la sous-dominante vers la médiante, qui, en imprimant à la relation du quatrième et du septième degré la nécessité de résolution ascendante et descendante, donnent à chaque degré de la gamme un caractère spécial, et constituent notre tonalité, ainsi que nous allons le voir, en modes *majeurs* et *mineurs* toujours uniformes.

Ainsi, la tonalité moderne, résidant uniquement dans les propriétés caractéristiques des sons de la gamme, dépend, comme nous l'avons dit, de la forme tonale de nos gammes majeure et mineure.

213. Mais, dira-t-on, pourquoi les deux modes ont-ils précisément cette constitution plutôt qu'une autre? Quel est le principe qui en a réglé la forme tonale? — A ces questions nous répondrons avec M. Fétis que ce principe est purement métaphysique, et que l'ordre tonal des deux modes est le produit immédiat de nos facultés intellectuelles et sentimentales

C'est un fait qui existe pour nous par lui-même et indépendamment de toute cause étrangère à nous [1].

214. D'après tout ce que nous venons de dire, il est facile de reconnaître ce qu'il y a d'erroné dans l'opinion généralement accréditée que notre gamme est donnée par la nature, et qu'elle est la condition indispensable de toute musique. Ce que la nature donne, ce sont des sons harmoniques, qui sont bien les éléments d'une gamme; mais ils n'en déterminent pas la forme, d'où dépend le caractère de la tonalité. Il faut donc chercher le principe de la constitution de la gamme ailleurs que dans la résonnance harmonique des corps sonores ou dans la division mathématique du monocorde. Or, nous l'avons dit : ce principe, purement intellectuel, prend sa source dans notre propre organisation, qui nous fait concevoir cet ordre et les faits qui en découlent, comme ayant une existence primordiale pour nous, et comme étant le résultat immédiat de nos facultés créatives.

CHAPITRE DIX-NEUVIÈME.

Formation des Gammes.

215. Nous avons déjà vu (155) que l'on peut à volonté former un intervalle quelconque sur chacun des degrés de l'échelle des sons. Par conséquent, chacun de ces sons peut être l'initial, le point de départ de la gamme des deux modes, c'est-à-dire que nous pouvons établir la gamme du mode majeur ou mineur aussi bien sur *ut*♯, *ré*, *mi*♭, *sol*, *la*♭, etc., que sur *ut*.

D'où il suit que la gamme de chaque mode peut occuper autant de positions différentes qu'il y a de sons différents dans notre système musical. Or, nous savons que l'échelle chromatique (147), outre les sept degrés élémentaires *ut*, *ré*, *mi*, *fa*, *sol*, *la*, *si*, contient encore cinq degrés intermédiaires *ut*♯, *ré*♯, *fa*♯, *sol*♯, *la*♯, ou leurs enharmoniques *ré*♭, *mi*♭, *sol*♭, *la*♭, *si*♭, ce qui donne, en résumé, *douze* sons différents pouvant devenir la base, la tonique de la gamme *majeure* ou *mineure*.

Nous savons également que chacun des sons de notre échelle musicale peut toutefois recevoir trois noms enharmoniques différents (144), dont chacun peut être l'initial d'une gamme majeure ou mineure. Mais, cette substitution de noms ne produisant pas de nouveaux sons, il n'y a en réalité que douze sons différents dans l'étendue de l'octave (147).

Donc, ainsi que nous l'avons dit, la gamme de chaque mode ne peut occuper que douze positions différentes.

216. Pour désigner les diverses positions que chaque mode peut occuper sur l'échelle des sons, on se sert du mot *ton*, ou *gamme*, suivi du nom de la note initiale, en y ajoutant le qualificatif de *majeur* ou *mineur*. Ainsi les expressions de *ton* ou *gamme de ré majeur* ou simplement *ré majeur*, de *ton* ou *gamme de fa mineur* ou simplement *fa mineur*, etc..., signifient que le mode *majeur* a été *transposé* (transporté) à la position de *ré*, ou le mode *mineur* à la position de *fa*, etc... C'est de cette *transposition* des deux modes à toutes les positions (degrés) de l'échelle chromatique que proviennent ce qu'on appelle les *douze tons* ou *gammes*

[1] Pour plus de détails, voyez l'excellent *Traité complet de la théorie et de la pratique de l'harmonie* de M. Fétis, ouvrage où l'auteur a démontré cette opinion avec sa supériorité habituelle. Paris, Brandus, 1849.

majeures et les *douze tons* ou *gammes mineures*, qui sont autant de tonalités différentes dans un seul et même mode. Et ces tonalités, pour nous servir des expressions de M. d'Ortigues (1), sont à la musique ce que les langues sont à la parole. En effet, elles expriment, pour continuer le langage figuré, une seule et même idée dans des idiomes différents.

217. Pour transposer ainsi les deux modes sur tous les degrés de l'échelle musicale, ou, en d'autres termes, pour construire les *douze* tonalités de chaque mode sur le modèle de leurs types respectifs, on détermine la note ou la position initiale, et l'on dispose les degrés suivants dans le rapport indiqué par le mode adopté. Mais, l'échelle diatonique ne fournissant pas tous les sons nécessaires pour remplir ces conditions, il faut se reporter à l'échelle chromatique et lui emprunter les sons dont l'on a besoin pour rendre la nouvelle tonalité conforme à son type.

Ainsi, pour transposer le mode *majeur*, par exemple, à la position de *sol*, ou, ce qui est la même chose, pour construire une gamme *majeure* ayant pour tonique *sol*, en un mot, la gamme de *sol majeur*, nous écrivons à côté du *type majeur* huit degrés consécutifs à partir de *sol*, en les espaçant suivant leur intervalle naturel, ainsi :

	Type majeur.		Échelle de *Sol*.	
	TONIQUE-OCTAVE	•	*sol*	
½ ton				1 ton.
	SENSIBLE	• ↘	*fa*	
1 ton				½ ton.
	SIXIÈME	•	*mi*	
1 ton				1 ton.
	DOMINANTE	•	*ré*	
1 ton				1 ton.
	SOUS-DOMINANTE	•	*do*	
½ ton				½ ton.
	MÉDIANTE	•	*si*	
1 ton				1 ton.
	DEUXIÈME	•	*la*	
1 ton				1 ton.
	TONIQUE	•	*sol*	

Puis nous rectifions dans l'échelle de *sol* les intervalles qui ne sont pas dans les conditions exigées par le type.

En comparant les deux échelles, nous voyons tout d'abord que les six premiers degrés y correspondent parfaitement, mais que le *fa*, devenu sensible dans l'échelle de *sol*, fait avec le son supérieur une seconde *majeure*, et, comme conséquence réciproque, une seconde *mineure* avec le son inférieur, tandis que d'après le type le contraire devrait avoir lieu. Dès lors, le son *fa* ne pouvant faire seconde *mineure* avec l'octave de la tonique *sol*, ni seconde *majeure* avec la sixième *mi*, il faut le remplacer par un son plus *aigu* qui fasse à la fois *sensible* avec l'octave de la tonique *sol*, et seconde *majeure* avec la sixième *mi*.

En nous reportant maintenant à l'échelle chromatique, nous trouvons que le son *fa*♯ est le seul qui remplisse cette double condition. Substituant le son *fa*♯ à celui de *fa*, notre échelle de *sol majeur* sera parfaitement semblable à son type. *Ex.*:

Type majeur.	1 ton.	1 ton.	½ ton.	1 ton.	1 ton.	1 ton.	½ ton.
Échelle de *Sol*	SOL — LA	— SI	— DO	— RE	— MI	— FA♯	— SOL.

218. Soit encore à transposer le mode *majeur* à la position de *fa*, c'est-à-dire à prendre *fa* pour tonique et à construire la gamme du ton de *fa*.

En procédant comme ci-dessus, nous trouvons que la sous-dominante *si* est trop *élevée* d'un demi ton, puisqu'elle fait seconde *majeure* avec la médiante et seconde *mineure* avec la dominante, tandis que, d'après le type, le contraire devrait avoir lieu. Il faut donc remplacer le son *si*

(1) Cours sur la musique religieuse et profane.

par un son plus *grave*, pris dans l'échelle chromatique, et appelé *si*♭. Cela fait, la gamme de *fa majeur* sera exactement semblable à son type. *Ex.*:

Type majeur.	1 ton. 1 ton. ½ ton. 1 ton. 1 ton. 1 ton. ½ ton.
Echelle de *Fa*.	FA — SOL — LA — SI♭ — UT — RÉ — MI — FA.

219. Le même procédé s'applique également à toutes les transpositions du mode *mineur*, c'est-à-dire à la construction de la gamme mineure sur tous les degrés de l'échelle chromatique. *Ex.*:

Type mineur.	1 ton. ½ ton. 1 ton. 1 ton. ½ ton. 1 ½ ton. ½ ton.
Echelle de *La*.	LA — SI — DO — RÉ — MI — FA — SOL♯ — LA.

Mais lorsqu'on connaît déjà les tons *majeurs*, il est un moyen bien plus facile de construire les gammes *mineures* : c'est, ainsi que nous l'avons vu (209), de *bémoliser* ou abaisser les *modales majeures* pour en faire des *modales mineures*.

Ainsi, pour transformer la gamme de *sol majeur* que nous avons formée, au n° 217, en gamme *mineure*, même basse ou même tonique, nous n'avons qu'à *bémoliser*, c'est-à-dire baisser d'un demi-ton les modales *si* et *mi*, ce qui donne les sons *si*♭ et *mi*♭, et la gamme de *sol mineur* sera conforme au type de son mode.

Ex :	Gamme majeure.	SOL — LA — SI — DO — RÉ — MI — FA♯ — SOL.
	Gamme mineure.	SOL — LA — SI♭ — DO — RÉ — MI♭ — FA♯ — SOL.

Cette transformation du mode *majeur* en mode *mineur*, même tonique, peut s'appliquer aux douze positions chromatiques que le mode majeur occupe dans l'échelle musicale, c'est-à-dire que toutes les gammes *mineures* peuvent, au moyen de l'*abaissement* des modales, être ainsi formées de leurs homonymes (de même nom) *majeures*.

220. Nous venons de voir comment on peut transposer les deux modes à toutes les positions de l'échelle chromatique, c'est-à-dire comment on peut former les gammes *majeures* et *mineures*. Mais on conçoit tout ce que cette méthode aurait d'incommode si, pour connaître la constitution tonale d'une gamme quelconque, il fallait toujours la rapporter ainsi à son type. De là, la nécessité d'un procédé plus expéditif pour la formation des différentes tonalités de chaque mode. Le chapitre suivant nous le fera connaître.

CHAPITRE VINGTIÈME.

De la Génération des Gammes majeures et de leurs signes constitutifs, ou des Modulations à la Dominante et à la Sous-Dominante.

221. Avant d'expliquer la génération ou la généalogie des gammes, résumons, pour en tirer de nouvelles conséquences, quelques principes déjà connus, et faisons une remarque importante sur la constitution tonale du mode majeur, remarque qui facilitera l'intelligence du sujet que nous allons traiter.

222. Nous savons déjà :

Que la gamme du mode *majeur* se compose de 5 tons et de 2 demi-tons (210), et que le premier demi-ton arrive *invariablement* après la *médiante*, et le second après la *sensible* (207);

Que cette disposition des tons et des demi-tons existe naturellement entre les différents degrés de l'échelle élémentaire des sons, et que dès lors la gamme d'*ut*, qui n'emploie que les sons primordiaux *ut, ré, mi, fa, sol, la, si, ut,* est naturellement devenue le type, la *gamme-modèle* du mode majeur (207);

Que chacun des sons de notre système musical peut devenir le point de départ, la *tonique* d'une gamme majeure semblable à la gamme modèle, c'est-à-dire que le type majeur peut-être transposé à toutes les positions de l'échelle chromatique (214-215);

Enfin, que par suite du rapport *invariable* entre leurs sons constitutifs, chacune des tonalités qui résultent de cette transposition, renferme nécessairement *un* ou *plusieurs* sons empruntés à l'échelle chromatique (216).

223. Nous savons aussi que notre système musical ne renferme que *douze* sons différents (147), et qu'il en entre *sept* dans la composition de chaque gamme ou tonalité (203).

D'où il résulte que deux gammes quelconques, ne pouvant différer que par 5 sons, ont *au moins* deux notes communes, ce qui établit nécessairement une certaine relation, une certaine parenté entre elles.

D'où il suit également que les différentes tonalités des deux modes, renfermant ainsi *forcément* un certain nombre de notes communes, ont toutes des rapports de parenté entre elles, et que, par conséquent, elles dérivent plus ou moins directement les unes des autres.

Or, une gamme n'étant formée que de sept sons distincts, on conçoit dès lors facilement que deux gammes qui ont *six* notes communes, sont dans la plus intime relation entre elles, et qu'elles dérivent directement l'une de l'autre, c'est-à-dire qu'elles s'engendrent *mutuellement*.

224. Remarquons encore que la *gamme-modèle* se compose de deux parties : *ut, ré, mi, fa* — *sol, la, si, do,* formant chacun un tétracorde, et dont l'ensemble comme les détails sont respectivement semblables, ainsi que le démontre le tableau suivant :

Similitude des deux Tétracordes de la Gamme-Modèle.

Premier *tétracorde*, allant de la tonique à la sous-dominante.				Deuxième *tétracorde*, allant de la dominante à la tonique-octave.
	½ ton	*fa* — *ut* *mi* — *si*	½ ton	
	1 ton	*ré* — *la*	1 ton	
	1 ton	*ut* — *sol*	1 ton	

Dans leur position naturelle les deux tétracordes sont appelés *disjoints*, à cause de l'intervalle de seconde majeure *fa-sol* qui les sépare.

225. Puisque les deux tétracordes sont égaux entre eux, leur interversion ne change en rien la tonalité, c'est-à-dire la relation des huit degrés de la gamme entre eux. D'ailleurs cette inversion n'est autre chose que ce qui a lieu dans tous les airs qui commencent par la dominante. On peut donc mettre le premier à la place du second, et réciproquement; car, c'est précisément cette inversion des deux tétracordes qui est la source de l'infinie variété de combinaison des sons que nous remarquons dans les nombreux airs écrits avec les éléments d'une même gamme.

226. En intervertissant l'ordre naturel des deux tétracordes de la gamme modèle, nous aurons :

2e tétracorde. 1er tétracorde.

SOL——LA——SI—DO——RÉ——MI—FA.
Dominante. Tonique. Sous-Dominante.

Dans cette situation les deux tétracordes ayant la tonique commune, sont dits *conjoints*, c'est-à-dire joints par la tonique.

227. De la faculté d'inversion dont jouissent les deux fractions de la gamme-modèle, résulte un fait important qui résume à lui seul toute la tonalité moderne : c'est de mettre la tonique en relation intime avec la dominante et avec la sous-dominante, et ces deux dernières entre elles.

En effet, par suite de sa position entre la dominante et la sous-dominante, la tonique est, si nous pouvons nous exprimer ainsi, comme le *trait-d'union*, la *conjonction* entre ces deux notes.

D'où il suit que deux gammes, dont l'une a pour tonique la *dominante* ou la *sous-dominante* de l'autre, sont en relation directe et immédiate entre elles. Ce fait va nous expliquer pourquoi les gammes se suivent de *dominante* en *dominante*, ou de *sous-dominante* en *sous-dominante*, ainsi que nous le verrons tout à l'heure, et pourquoi le *deuxième* tétracorde d'une gamme devient ainsi forcément le *premier* de la gamme suivante, et réciproquement.

228. Cela dit, cherchons à établir une gamme majeure semblable à la gamme-modèle UT, et qui, ne différant de celle-ci que par une note, en dérive directement (223).

En prenant successivement pour tonique chacun des six autres degrés de la gamme d'UT, nous reconnaissons que les gammes de FA et de SOL sont les seules qui, ayant six notes communes avec la gamme-modèle, dérivent directement de celle-ci (1). C'est dès lors des gammes de FA et de SOL que nous devons nous occuper.

229. Mais, puisque chacune de ces deux gammes diffère de la gamme-modèle par un de ses sons constitutifs, il est évident que chacune d'elles renferme un son emprunté à l'échelle chromatique. Or, nous avons vu au chapitre de la formation des gammes que le son *si*♭ entre dans la constitution de la gamme de FA (217), et le son *fa*♯ dans celle de SOL (216). Cela nous conduit naturellement à établir deux grandes divisions dans les gammes : celles dans la constitution desquelles il entre *un* ou *plusieurs* ♯, et qu'on nomme pour cela *gammes par dièses*, et celles qui renferment *un* ou *plusieurs* ♭, et qu'on nomme pour cela *gammes ou tons par bémols*.

A. Génération des Gammes par ♯, ou Modulation à la Dominante.

230. La gamme de SOL étant celle qui prend le premier dièse, c'est dès lors par elle que nous devons commencer.

Pour faciliter la comparaison que nous aurons à faire des gammes d'*ut* et de *sol*, mettons-les en regard l'une de l'autre, en intervertissant l'ordre naturel des deux tétracordes de la première, ainsi:

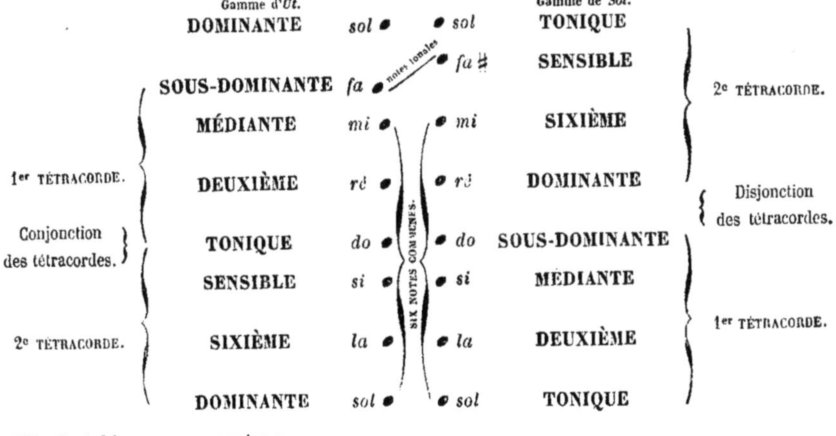

231. Ce tableau nous montre :

(1) Le professeur fera vérifier ce fait à ses élèves en leur faisant construire la gamme majeure successivement sur les toniques *ré*, *mi*, *fa*, *sol*, *la* et *si*.

Que le premier tétracorde de la gamme de SOL est composé des mêmes sons, *sol, la, si, do,* que le deuxième de la gamme d'UT;

Que la dominante *sol* et la sixième *mi* de la gamme de SOL correspondent respectivement à la deuxième *ré* et à la médiante *mi* de la gamme d'UT;

Enfin, que les gammes d'UT et de SOL, ayant ainsi six notes communes, ne diffèrent que par une seule note (223), qui est la *sous-dominante* de l'une et la *sensible* de l'autre.

En effet, la sous-dominante *fa* de la gamme d'UT n'ayant pu faire *sensible* avec la tonique *sol*, il a fallu remplacer ce son par un autre plus aigu qui soit dans les conditions voulues. C'est dès lors *fa*♯ qui est devenu sensible dans la tonalité de SOL (217).

232. Concluons de là que la tonalité d'UT dépend absolument de la *sous-dominante fa*, comme la tonalité de SOL dépend exclusivement de la *sensible fa*♯, puisqu'aussitôt que le *fa*♯ vient remplacer le *fa*, la tonalité d'UT se transforme immédiatement en celle de SOL, et *vice versa*, la tonalité de SOL en celle d'UT (vérifiez).

La *sous-dominante* et la *sensible* étant dès lors les notes caractéristiques de la *tonalité* d'une gamme, comme la médiante et la sixième sont celles du mode (208), nous leur donnerons le nom de *notes tonales*, comme on a donné à ces dernières le nom de *notes modales*.

233. D'où il suit que pour passer de la gamme d'UT dans celle de SOL, il suffit de *diéser* (130) la sous-dominante *fa* du ton d'UT, pour en faire la sensible *fa*♯ du ton de SOL;

Et réciproquement, pour revenir de la gamme de SOL dans celle d'UT, il suffit de *bémoliser* (134) la sensible *fa*♯ du ton de SOL, pour en faire la sous-dominante *fa* du ton d'UT, ce qui revient ici à supprimer le ♯ du *fa* au moyen du ♮ (140).

Ce passage d'un ton dans un autre se désigne généralement, dans le langage musical, sous le nom de **MODULATION**.

234. En nous reportant maintenant au tableau précédent (231), nous y remarquerons :

Que la tonique *sol* remplit le rôle de *dominante* dans la gamme d'UT, et, réciproquement, la tonique *ut* celui de *sous-dominante* dans la gamme de SOL (vérifiez);

Que dès lors le passage du ton d'UT dans celui de SOL constitue ce qu'on appelle une *modulation à la dominante*, et, réciproquement, le retour de la gamme de SOL dans celle d'UT, une *modulation à la sous-dominante;*

Enfin, que dans la *modulation à la dominante* SOL, le *deuxième* tétracorde de la gamme d'UT devient le *premier* de la gamme de SOL, et, réciproquement, que dans la *modulation à la sous-dominante* UT, retour de SOL en UT, le *premier* tétracorde de la gamme de SOL devient le *deuxième* de la gamme d'UT (vérifiez).

235. D'après ces remarques, concluons de tout ce qui précède que deux gammes majeures qui ont *six* notes communes et, par conséquent, s'engendrent *mutuellement*, ont toujours pour *toniques* respectives deux notes, dont l'une fait *dominante* ou *sous-dominante* avec l'autre.

D'où il suit, ainsi que nous l'avons déjà fait entrevoir (227), que la *modulation à la dominante* donne l'ordre générateur des gammes par *dièses*, comme la *modulation à la sous-dominante* donne celui des gammes par *bémols*.

236. Ces principes admis, nous exprimerons la génération des gammes majeures par les deux formules générales suivantes :

1° *Pour passer d'une gamme majeure quelconque dans la gamme suivante par* DIÈSES, *il faut prendre pour* PREMIER *tétracorde de celle-ci le* DEUXIÈME *de la gamme initiale, et* DIÉSER *(hausser d'un demi-ton) la* SOUS-DOMINANTE *de celle-ci pour en faire la* SENSIBLE *de la nouvelle gamme.*

Alors on aura *modulé à la dominante* (233-234).

2° *Pour passer d'une gamme quelconque dans la gamme suivante par* BÉMOLS, ou, ce qui est la même chose, *pour revenir du ton de la dominante à celui de la tonique* (233), *il faut prendre pour* DEUXIÈME *tétracorde de celle-ci le* PREMIER *de la gamme initiale, et* BÉMOLISER (*baisser d'un demi-ton*) *la* SENSIBLE *de celle-ci pour en faire la* SOUS-DOMINANTE *de la nouvelle gamme.*

Alors on aura *modulé à la sous-dominante* (233-234).

D'où il résulte que, dans le courant d'un morceau, un ♯, placé devant la sous-dominante, indique une *modulation à la dominante*, et un ♭ placé devant la sensible, une *modulation à la sous-dominante* (233).

237. D'après ce qui a été dit (235), il est évident que, si nous passons successivement d'un ton dans celui de sa *dominante*, nous aurons toutes les gammes par *dièses* dans leur ordre générateur, et que nous verrons arriver un nouveau ♯ à chaque changement de ton. En modulant ainsi de *dominante* en *dominante*, nous passerons successivement par les tons de *sol*, *ré*, *la*, *mi*, *si*, *fa*♯, et nous arriverons enfin au ton d'*ut*♯, où toutes les notes de la gamme d'UT ont complétement disparu, c'est-à-dire où il y a *sept* ♯.

Pour plus de clarté, construisons, d'après ces données, le tableau général des gammes par dièses.

TABLEAU de la Génération des Gammes par DIÈSES, *ou des Modulations à la* DOMINANTE.

(Lisez ce tableau par en bas.)

CONSTITUTION DES GAMMES.		PROPRIÉTÉS DES NOTES.	GAMME MODÈLE. Do.	NOMBRE DE DIÈSES. 1♯	2♯	3♯	4♯	5♯	6♯	7♯	MUTATION DES NOTES.
	8	TONIQUES-OCTAVES.	DO	SOL	RÉ	LA	MI	SI	FA	DO	Anciennes dominantes devenues nouvelles *toniques*.
Seconde min.					Ordre	géné-	rateur	des	dièses.		
	7	*Sensibles.*	SI	*fa* ♯ 1er.	*do* ♯ 2e.	*sol* ♯ 3e.	*ré* ♯ 4e.	*la* ♯ 5e.	*mi* ♯ 6e.	*si* ♯ 7e.	Anciennes sous-dominantes devenues *sensibles* des nouvelles toniques, au moyen de l'altération par le dièse.
Seconde maj.											
	6	Sixièmes.	LA	mi	si	fa ♯	do ♯	sol ♯	ré ♯	la ♯	
Seconde maj.											
	5	DOMINANTES.	SOL	RÉ	LA	MI	SI	FA ♯	DO ♯	SOL ♯	Devenant toniques dans le ton suivant.
Seconde maj.											
	4	*Sous-dominantes.*	FA	*do*	*sol*	*ré*	*la*	*mi*	*si*	*fa* ♯	Devenant, au moyen de l'altération par le dièse, *sensibles* du ton suivant.
Seconde min.											
	3	Médiantes.	MI	si	fa ♯	do ♯	sol ♯	ré ♯	la ♯	mi ♯	
Seconde maj.											
	2	Deuxièmes.	RÉ	la	mi	si	fa ♯	do ♯	sol ♯	ré ♯	
Seconde maj.											
	1	TONIQUES.	DO	SOL	RÉ	LA	MI	SI	FA ♯	DO ♯	Anciennes dominantes devenues nouvelles toniques.
			Type.	1re.	2e.	3e.	4e.	5e.	6e.	7e.	
				Ordre générateur des gammes par *dièses*.							

238. L'examen de ce tableau, en confirmant la règle que nous avons établie pour la génération des gammes par dièses (236), nous montre :

1° Que toutes les gammes qu'il renferme, ayant une constitution uniforme, sont parfaitement semblables à la gamme-modèle, et que, par conséquent, elles reproduisent *invariablement* l'air type *ut-ré-mi-fa-sol-la-si-ut*, sur des toniques plus *aiguës* ou plus *graves* (vérifiez);

2° Que, chacune de ces toniques ayant été dominante dans la gamme précédente (237), l'intervalle qui les sépare est nécessairement une *quinte majeure en montant* (vérifiez) : d'où il suit qu'en partant d'UT, et allant de quinte en quinte en montant, on trouve successivement les noms de toutes les gammes par *dièses* dans leur ordre générateur. Ex. : *ut-sol*, quinte majeure; *sol-ré*, quinte majeure; *ré-la*, quinte majeure, etc. : ce qui donne la progression : **SOL, RÉ, LA, MI, SI, FA ♯** et **UT ♯**, ainsi qu'on le voit clairement sur la ligne des *toniques*. Voilà pourquoi les solféges ont pu donner cette règle empirique : *Les gammes par dièses se suivent de quinte majeure en quinte majeure en montant* (vérifiez);

3° Que chaque modulation à la dominante amène invariablement un nouveau *dièse* sur l'ancienne *sous-dominante* pour en faire la *sensible* de la nouvelle gamme. D'où il suit que le premier dièse apparaît *forcément* sur le *fa*, le deuxième sur l'*ut*, etc., ce qui donne, selon l'ordre générateur dans lequel les *dièses* entrent dans les gammes, la progression suivante : **FA ♯, UT ♯, SOL ♯, RÉ ♯, LA ♯, MI ♯, SI ♯**, ainsi qu'on le voit par la ligne des *sensibles* (vérifiez);

4° Que ces dièses, portant successivement sur les sensibles des toniques qui les amènent, sont, comme les toniques qu'ils précèdent, séparés par un intervalle de *quinte majeure*. De là cette autre énonciation de solféges : *Les dièses se placent dans les gammes de quinte en quinte en montant, ou de quarte en quarte en descendant* (vérifiez);

5° Que chaque gamme renferme *un* ou *plusieurs dièses*, parce que, les sons correspondants de l'échelle diatonique étant trop *bas* pour remplir le rôle que les différentes toniques assignent à chacun d'eux (217), il a fallu les remplacer par autant de sons empruntés à l'échelle chromatique (vérifiez);

6° Enfin, que, chaque gamme ayant un nombre de *dièses* déterminé, et le dernier arrivant *invariablement* sur la sensible, les solféges ont encore pu dire que *la note immédiatement au-dessus du dernier dièse indique le ton*, c'est-à-dire le nom de la gamme, ou, *que le ton de* **SOL** *prend* fa ♯, celui de **RÉ** *fa* ♯ et *ut* ♯, *etc.*, ou, *qu'un dièse indique le ton de* **SOL**, *deux dièses celui de* **RÉ**, *etc.*, ainsi qu'on le voit dans l'exemple ci-après (vérifiez).

239. Dans le tableau précédent (237), nous avons placé les dièses à côté de leurs notes respectives, afin de faciliter la comparaison des différentes gammes; mais il n'en est pas ainsi dans la notation ordinaire. Pour éviter de répéter ces signes aussi fréquemment, on les place une fois pour toutes au commencement de la portée, immédiatement après la clef, et dans leur ordre générateur indiqué par celui des modulations à la dominante : c'est ce qu'on appelle *armer la clef*. Ex. :

Armures des tons par dièses.

Cet exemple nous montre que l'arrivée d'un nouveau dièse ne détruit aucun de ceux qui l'ont précédé, le second demeurant avec le premier, le troisième avec les deux précédents, et ainsi de suite (vérifiez).

Remarquons aussi que chaque ton ou gamme renferme autant de dièses qu'il y a de modulations intermédiaires entre lui et la Gamme-modèle, et que, pour simplifier l'écriture musicale, on a limité à *sept* le nombre de dièses portés à l'armure de la clef (vérifiez).

B. Génération des Gammes par ♭, ou Modulation à la Sous-Dominante.

240. Pour la génération des gammes par dièses nous sommes partis de la gamme-modèle; elle sera également notre point de départ pour la génération des gammes par *bémols*.

Nous avons démontré et établi comme principe (235) que les gammes par *bémols* se suivent de *sous-dominante* en *sous-dominante*, et *que pour passer d'une gamme quelconque dans la gamme suivante par bémols, il faut prendre pour deuxième tétracorde de celle-ci le premier de la gamme initiale, et bémoliser la sensible du ton que l'on quitte pour en faire la sous-dominante de la nouvelle gamme* (236).

Dès lors il est évident que, si nous passons successivement d'un ton dans celui de sa *sous-dominante*, nous aurons toutes les gammes par *bémols* dans leur ordre générateur, et que nous verrons arriver un nouveau ♭ à chaque changement de ton.

241. En modulant ainsi de *sous-dominante* en *sous-dominante*, nous passerons successivement par les tons de *fa*, *si*♭, *mi*♭, *la*♭, *ré*♭, *sol*♭, et enfin *ut*♭, où toutes les notes sont *bémolisées*.

Pour plus de clarté, construisons, d'après ces données, le tableau général des gammes par *bémols*, comme nous avons fait pour celles par dièses.

TABLEAU de la Génération des Gammes par BÉMOLS, *ou des Modulations à la* SOUS-DOMINANTE.

(Lisez ce tableau de bas en haut et de droite à gauche.)

MUTATION DES NOTES.	NOMBRE DE BÉMOLS.							GAMME MODÈLE	PROPRIÉTÉS DES NOTES.	CONSTITUTION DES GAMMES.
	7 ♭	6 ♭	5 ♭	4 ♭	3 ♭	2 ♭	1 ♭			
Anciennes sous-dominantes devenues nouvelles toniques.	DO ♭	SOL♭	RÉ ♭	LA ♭	MI ♭	SI ♭	FA	DO	TONIQUES-OCTAVES.	8●
										Seconde min.
Devenant, au moyen de l'altération par le bémol, *sous-dominantes* dans le ton suivant.	*si* ♭	*fa*	*do*	*sol*	*ré*	*la*	*mi*	SI	*Sensibles.*	7●
										Seconde maj.
	la ♭	mi ♭	si ♭	fa	do	sol	ré	LA	Sixièmes.	6●
										Seconde maj.
Anciennes toniques devenues *dominantes*.	SOL♭	RÉ ♭	LA ♭	MI ♭	Si ♭	FA	DO	SOL	DOMINANTES.	5●
		Ordre	géné-	rateur	des bé-	mols.				Seconde maj.
	7e.	6e.	5e.	4e.	3e.	2e.	1er.			
Anciennes sensibles devenues *sous-dominantes* au moyen de l'altération par le bémol.	*fa* ♭	*do* ♭	*sol* ♭	*ré* ♭	*la* ♭	*mi* ♭	*si* ♭	Fa	*Sous-dominantes.*	4●
										Seconde min.
	mi ♭	si ♭	fa	do	sol	ré	la	MI	Médiantes.	3●
										Seconde maj.
	ré ♭	la ♭	mi ♭	si ♭	fa	do	sol	RÉ	Deuxièmes.	2●
										Seconde maj.
Anciennes sous-dominantes devenues *toniques*.	Do ♭	SOL♭	RÉ ♭	LA ♭	Mi ♭	SI ♭	FA	DO	TONIQUES.	1●
	7e.	6e.	5e.	4e.	3e.	2e.	1re.	Type.		
	Ordre générateur des gammes par bémols.									

242. L'examen de ce tableau, en confirmant la règle que nous avons établie (236) pour la génération des gammes par bémols, nous montre :

1° Que toutes les gammes qu'il renferme, ayant une constitution semblable à la gamme-modèle, reproduisent *invariablement* l'air type *ut-ré-mi-fa-sol-la-si-ut* sur des toniques plus *graves* ou plus *aiguës* (vérifiez);

2° Que, chacune de ces toniques ayant été sous-dominante dans la gamme précédente (240), il est évident qu'elles sont nécessairement séparées par un intervalle de *quarte mineure en montant*, ou, ce qui est la même chose (162), par une *quinte majeure en descendant*. D'où il suit qu'en partant d'UT, et allant de quinte en quinte majeure en descendant, on trouve successivement, dans leur ordre générateur, les noms de toutes les gammes par *bémols*. Ex. : *Ut-fa*, quinte majeure inférieure; *fa-si* ♭, quinte majeure inférieure, etc., ce qui donne la progression : **FA**, **SI** ♭, **MI** ♭, **LA** ♭, **RÉ** ♭, **SOL** ♭, **UT** ♭, ainsi qu'on le voit sur la ligne des toniques (vérifiez).

Voilà pourquoi les solféges, qui se sont bornés au simple énoncé des faits, sans les expliquer, ont pu dire : *Les gammes par bémols se suivent de quinte en quinte majeure en descendant, ou de quarte en quarte mineure en montant*. C'est le contraire des gammes par dièses (vérifiez);

3° Que toutes ces gammes ne diffèrent de proche en proche que par une seule note (231), qui est la *sensible* de l'une et la *sous-dominante* de l'autre (vérifiez);

D'où il résulte que, dans le courant d'un morceau, un ♭ placé devant la *sensible* indique une modulation à la *sous-dominante*, comme le ♮ devant la *sous-dominante* indique le retour dans la tonalité précédente, c'est-à-dire une modulation à la *dominante* (233). Par conséquent il y a identité parfaite entre les modulations à la dominante et à la sous-dominante dans les tons par *dièses* et celles dans les tons par *bémols*, puisque dans ces transformations de gammes, le *premier* tétracorde de l'une devient le *deuxième* de l'autre, et *réciproquement* (234);

4° Que chaque modulation à la sous-dominante amène invariablement un nouveau *bémol* sur l'ancienne *sensible* pour en faire la *sous-dominante* de la nouvelle gamme. D'où il suit que le premier bémol apparaît *forcément* sur le *si*, le deuxième sur le *mi*, etc., ce qui donne, selon l'ordre générateur dans lequel les *bémols* entrent dans les gammes, la progression suivante : **SI** ♭, **MI** ♭, **LA** ♭, **RÉ** ♭, **SOL** ♭, **UT** ♭, **FA** ♭, ainsi qu'on le voit par la ligne des *sous-dominantes*. C'est la progression inverse des *dièses* (vérifiez);

5° Que ces bémols, portant successivement sur les sous-dominantes des toniques qui les amènent, sont, comme ces toniques, séparés par un intervalle de quinte majeure en descendant. De là cette autre énonciation de solféges: *Les bémols entrent dans les gammes de quinte en quinte majeure en descendant, ou de quarte en quarte mineure en montant* (vérifiez);

6° Que toutes les toniques, excepté la première **FA**, sont affectées d'un *bémol*, parce que chacune d'elles a été bémolisée comme sous-dominante dans la gamme précédente (vérifiez);

7° Que chaque gamme renferme *un* ou *plusieurs bémols*, parce que, les sons élémentaires correspondants de l'échelle diatonique étant trop *hauts* pour remplir le rôle que les différentes toniques assignent à chacun d'eux (217), il a fallu les remplacer par autant de sons empruntés à l'échelle chromatique (vérifiez);

8° Enfin, que, chaque gamme ayant un nombre de *bémols* déterminé, et le dernier arrivant *invariablement* sur la sous-dominante, les solféges ont encore pu dire que l'*avant-dernier bémol indique la tonalité de la gamme*, ou, *que telle tonique amène tant de bémols dans la gamme*, ou, *que tel nombre de bémols détermine telle tonique*, ainsi que le montre l'exemple ci-après (vérifiez).

243. Il en est des *bémols* comme des dièses : on les porte une fois pour toutes à l'armure de la clef, et dans leur ordre générateur indiqué par celui des modulations à la sous-dominante. *Ex.:*

Armures des tons par bémols.

Cet exemple nous montre :

Que l'arrivée d'un nouveau *bémol* ne détruit aucun de ceux qui l'ont précédé, le second demeurant avec le premier, le troisième avec les deux précédents, et ainsi de suite (vérifiez);

Que chaque gamme, ainsi que celles par dièses, renferme autant de *bémols* qu'il y a de modulations intermédiaires à la sous-dominante entre elle et la gamme modèle (vérifiez);

Enfin, que, pour simplifier l'écriture musicale, on a limité à sept, comme pour les dièses, le nombre de *bémols* portés à l'armure de la clef (vérifiez).

244. De tout ce qui précède nous pouvons tirer quelques conséquences aussi intéressantes qu'utiles pour la pratique :

1° *Que la gamme diatonique majeure est un* AIR INVARIABLE *quant à sa constitution tonale, mais dont la tonique, le point de départ, se trouve sur tous les sons de l'échelle musicale;*

2° *Que par conséquent il y a une infinité de toniques possibles, d'où proviennent les différentes tonalités par* DIÈSES *et par* BÉMOLS, qui, ainsi que nous l'avons vu (216), *ne sont autre chose que des transpositions du type majeur sur des toniques plus* GRAVES *ou plus* AIGUES ;

3° *Qu'ainsi il y a identité parfaite entre toutes les gammes majeures, et que les notes* DIÉSÉES *ou* BÉMOLISÉES, *ayant précisément pour objet de rendre toutes les gammes semblables à leur type, remplissent dans leurs gammes respectives le même rôle que les notes dites* NATURELLES (1) *dans la gamme-modèle, c'est-à-dire qu'elles représentent soit une* TONIQUE, *soit une* MÉDIANTE, *soit une* SENSIBLE, soit une DOMINANTE, etc.

245. Concluons de tout cela qu'il n'est pas plus difficile de solfier dans un ton qui a plusieurs *dièses* ou *bémols* que dans le ton-modèle UT. En effet, il ne faut pas, en solfiant, penser que telle note est *dièse* ou *bémol;* mais il faut, la tonique étant connue, savoir qu'elle remplit la fonction de *dominante*, ou de *médiante*, ou de *sensible*, etc. Ce n'est que lorsqu'on connaîtra ainsi la propriété des notes, le rôle qu'elles remplissent dans la gamme, qu'on pourra les attaquer avec assurance et justesse. C'est ici surtout que notre théorie des gammes et les principes d'intonation que nous avons exposés au chapitre III, en se prêtant un mutuel appui, rendront un service éminent à la pratique.

Et, comme la connaissance des principaux accords de la gamme, outre qu'elle facilite l'intonation, est très-importante pour l'intelligence des différentes tonalités et des modulations dont il vient d'être traité, nous allons en donner un aperçu rapide dans le chapitre suivant.

CHAPITRE VINGT-UNIÈME.

INTRODUCTION A L'HARMONIE (2).

A. Des Accords consonnants, et de leur Emploi.

246. On appelle *accord consonnant* tout accord complet qui n'est formé que de trois sons dont le rapport harmonique est conforme à l'unité tonale.

247. Tout accord consonnant composé de la *tierce* et de la *quinte majeures* de sa *fondamentale*

(1) Les notes *diésées* ou *bémolisées*, ainsi que nous l'avons vu, sont aussi naturelles dans leurs gammes respectives que les sons élémentaires *ut*, *ré*, *mi*, *fa*, etc., dans la gamme d'UT.

(2) En raison de l'objet de notre ouvrage, nous ne pouvons qu'effleurer ce sujet intéressant.

ou *base*, se nomme *accord parfait*, parce qu'il donne à la fois le sentiment du repos et la connaissance du ton et du mode. C'est un *tout fini* qui ne laisse rien à désirer après lui. *Ex.* :

ACCORDS PARFAITS. { QUINTES : *sol, la, si, ut, ré,* / TIERCES : *mi, fa, sol, la, si,* / BASES : *ut, ré, mi, fa, sol,* } etc.

248. Le caractère de repos attaché à l'accord parfait le place tonalement sur la *tonique*, la *sous-dominante* et la *dominante* d'une gamme *majeure* ou *mineure*, parce que ces degrés, ainsi qu'il a été démontré (227), sont en relation immédiate entre eux, et, par conséquent, peuvent devenir la base d'un repos harmonique.

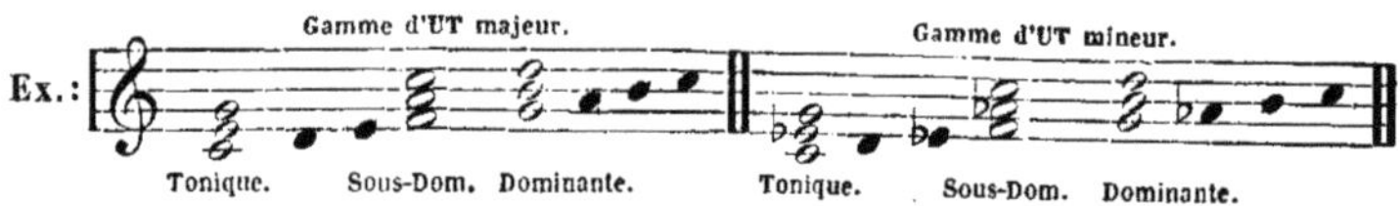

249. Les trois accords parfaits d'une gamme, pour les distinguer, se désignent par les noms de propriété de leurs fondamentales respectives. C'est ainsi qu'on dit : *Accord de tonique*, *accord de sous-dominante*, et *accord de dominante*.

250. Bien que tous les accords parfaits soient composés de *tierce* et de *quinte*, ils ne sont pas tous semblables et ne produisent pas le même effet sur l'oreille. Ils sont de deux espèces : lorsque la tierce est majeure, l'accord lui-même est *majeur*, et, lorsque la tierce est mineure, l'accord est également *mineur*.

Ainsi, par suite de la constitution de la gamme des deux modes, les accords de *tonique* et de *sous-dominante* sont *majeurs* dans le mode majeur, et *mineurs* dans le mode mineur; tandis que l'*accord de dominante* est *majeur* dans les deux modes, parce que la tierce de cet accord est formée avec la sensible, qui est *invariable* dans les deux modes.

D'où il suit que les accords de *tonique* et de *sous-dominante* sont les signes caractéristiques du mode, puisque celui-ci est *majeur* ou *mineur*, selon la nature de ces deux accords.

251. Les notes de l'accord parfait ne sont pas toujours placées dans leur ordre naturel, comme *ut-mi-sol*; on leur applique parfois les procédés du renversement expliqués dans le chapitre IX, ce qui donne lieu à deux nouvelles combinaisons d'accords consonnants.

La première de ces combinaisons consiste à placer à la base la *tierce* de l'accord parfait, d'où résulte le premier renversement ou l'*accord de Sixte* MI-SOL-UT; la deuxième, à placer la *quinte* à la base, d'où résulte le second renversement ou l'*accord de Quarte-Sixte* SOL-UT-MI.

252. Chacun des trois accords parfaits d'une gamme pouvant subir les deux renversements, il s'ensuit que l'accord de *sixte* se place tonalement sur la *médiante*, sur le *sixème degré* et sur la *sensible*.

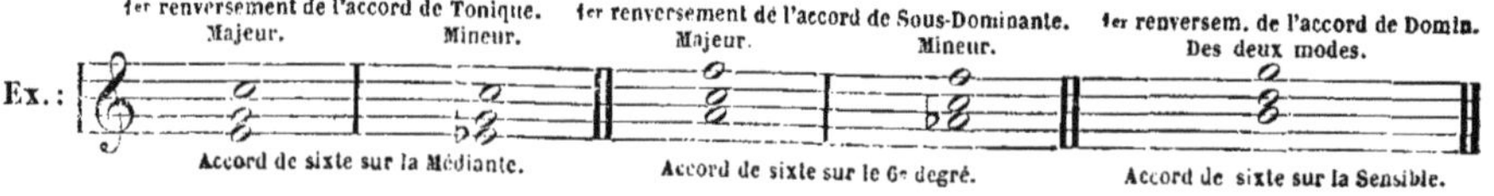

Pour les mêmes raisons, l'accord de *Quarte-Sixte* se place tonalement, dans les deux modes, sur la *dominante*, sur la *tonique* et sur le *deuxième degré*.

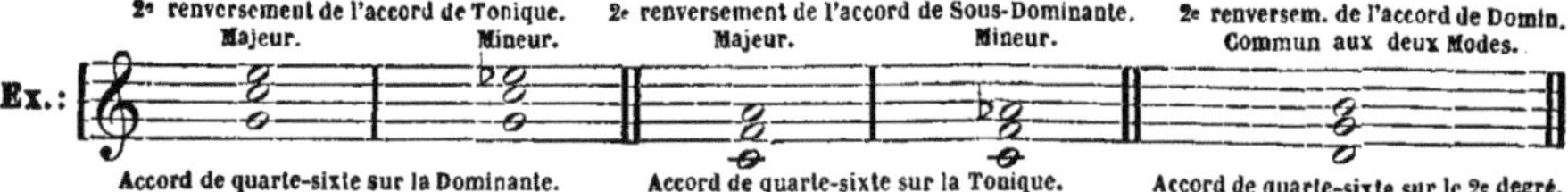

253. L'accord parfait et ses deux renversements résument toute l'harmonie consonnante possible dans l'ordre de l'unité tonale. L'emploi de ces accords, dans une même tonalité, est limité aux seuls cas qui viennent d'être indiqués.

Remarquons toutefois qu'après la troisième combinaison des trois notes qui entrent dans la formation des accords consonnants, elles se représentent toutes trois aux octaves supérieures, et dans le même ordre.

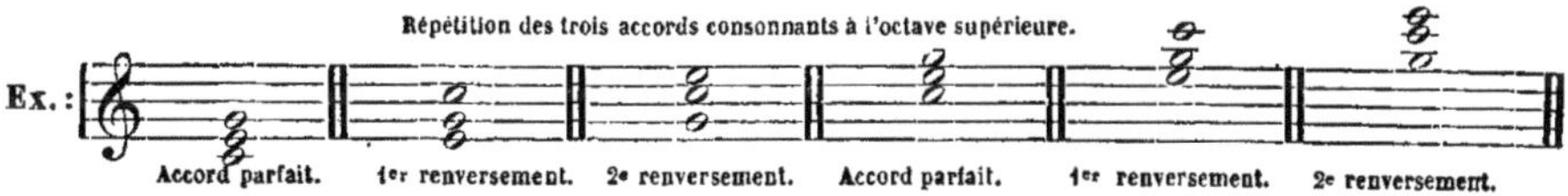

Donnons maintenant, comme application de la théorie qui vient d'être exposée, quelques exercices d'intonation sur les accords consonnants du mode majeur.

AVIS TRÈS-IMPORTANT. — Ces exercices, en même temps qu'ils nous feront connaître l'enchaînement des accords entre eux, nous familiariseront également avec les différentes tonalités du mode majeur. A cet effet, après les avoir étudiés dans le ton d'UT, tels qu'ils sont écrits, nous les transposerons *successivement* dans tous les tons par *dièses* et par *bémols*, ce qui sera facile au moyen des chiffres que nous avons placés sous chaque note pour indiquer le rôle qu'elle doit remplir dans chaque nouvelle transposition ou tonalité.

(Lisez par en bas.)

Ainsi :	7.	SENSIBLE	de l'octave moyenne.
	6.	SIXIÈME	
	5.	DOMINANTE	
	4.	SOUS-DOMINANTE	
	3.	MÉDIANTE	
	2.	DEUXIÈME	
	1 représentera toujours la	TONIQUE GRAVE	

Les mêmes chiffres surmontés d'un petit trait, comme $\overline{1}$, $\overline{2}$, $\overline{3}$, etc., représenteront toujours les notes correspondantes de l'*octave supérieure*, et ceux qui seront soulignés d'un petit trait, comme $\underline{7}$, $\underline{6}$, $\underline{5}$, etc., les notes correspondantes de l'*octave inférieure*.

Avant de transposer ces exercices dans un autre ton, on étudiera, sur le tableau (237), la constitution de la gamme de ce ton, et on la solfiera plusieurs fois de suite, afin de bien se la graver dans l'oreille. Toutefois, dans ces transpositions, on conservera le *même son pour tonique*, afin de ne pas sortir des limites de la voix.

Exercices sur les Accords consonnants.

B. Des Accords dissonants naturels, et de leur Emploi.

254. On appelle *accord dissonant* tout accord qui renferme au moins *quatre* sons, dont deux se heurtent, soit dans l'ordre direct, soit dans le renversement, et, par conséquent, forment une dissonance entre eux, tels que *fa-sol*, ou, dans leur renversement, *sol-fa*.

255. Nous avons démontré (225) que, par suite de leur identité, les deux tétracordes de la gamme peuvent être renversés ainsi : *sol—la—si—ut—ré—mi—fa* (2e tétracorde : *sol—la—si—ut* ; 1er tétracorde : *ut—ré—mi—fa*), d'où résulte un intervalle de *septième* entre la dominante *sol* et la sous-dominante *fa*.

Nous avons également fait voir (227) qu'étant commune aux deux tétracordes renversés, la tonique sert de lien entre la dominante et la sous-dominante, et établit une relation intime entre elles. D'où la dominante et la sous-dominante tirent la faculté de se faire entendre simultanément, et de former, suivant la conjonction ou la disjonction des tétracordes (224 et 226), un intervalle *dissonant* naturel de *septième* ou de *seconde*, dont notre oreille accepte spontanément l'audition.

Or, l'expérience nous apprend que l'intervalle dissonant naturel de *septième* peut, dans l'unité tonale, se combiner avec l'accord consonnant de la dominante; d'où résulte un *accord dissonant naturel*, composé de *tierce majeure*, de *quinte majeure* et de *septième mineure*.

Si donc, à l'accord de dominante *sol-si-ré*, nous ajoutons la dissonance de septième *sol-fa*, nous aurons l'accord dissonant naturel *sol-si-ré-fa*, formé de la tierce majeure *sol-si*, de la quinte majeure *sol-ré*, et de la septième mineure *sol-fa*. Ex.:

Cet accord, ne pouvant se placer tonalement que sur la *dominante*, c'est-à-dire ne pouvant être formé avec les sons d'une même tonalité que sur cette note, a reçu, pour cette raison, le nom d'*accord de septième de dominante*.

256. D'où il suit que l'accord dissonant naturel possède un caractère de détermination tonale que n'ont pas les accords consonnants, qui, ainsi que nous l'avons vu (248 et 252), peuvent se placer sur différents degrés de la gamme. En effet, il détermine le *ton*, comme les accords consonnants de tonique et de sous-dominante caractérisent le *mode*; car, aussitôt qu'il s'est fait entendre, il n'y a plus de doute, pour une oreille exercée, sur la tonalité, qu'il détermine d'une manière toute spéciale par les tendances énergiques de ses intervalles constitutifs.

257. Bien que les deux tétracordes de la gamme mineure ne soient pas symétriques et semblables à ceux de la gamme majeure, les notes constitutives de l'accord dissonant sont communes aux deux gammes, et, par conséquent, l'accord lui-même, ainsi que le montre l'exemple suivant, où les tétracordes sont renversés :

	2e tétracorde.			1er tétracorde.		
GAMME MAJEURE.	SOL	*la*	SI	*ut*	RÉ	*mi*	FA.
GAMME MINEURE.	SOL	*la♭*	SI	*ut*	RÉ	*mi♭*	FA.
ACCORD DISSONANT.	SOL		SI		RÉ		FA.
	Fondamentale.		Tierce.		Quinte.		Septième.

258. Par suite de la tendance de ses notes constitutives, l'accord dissonant de *septième de dominante* ne satisfait l'oreille qu'en se résolvant sur un accord consonnant. Or, dans l'unité tonale, la sensible tend à monter sur la tonique, et la sous-dominante, qui fait la dissonance de septième, à descendre sur la médiante; d'où il résulte que, dans l'unité tonale, l'accord dissonant doit être suivi de l'accord parfait de la *tonique*, soit majeur, soit mineur, ou d'un des renversements de celui-ci.

259. Les sons de l'accord de septième de dominante ne se présentent pas toujours dans leur ordre naturel : comme à ceux de l'accord parfait, on leur applique les lois du renversement, ce qui produit trois nouvelles combinaisons d'accords dissonants.

260. La première de ces combinaisons, qui consiste à prendre pour base la tierce de l'accord de septième, en transportant la dominante à l'octave supérieure, donne un accord composé de

tierce, de *quinte* et de *sixte mineures*, et appelé *accord de Quinte-Sixte*. Conformément à l'unité tonale, il se place sur la *sensible*, et se résout sur l'accord parfait de tonique dans les deux modes.

1er Renversement de la septième de Dominante.

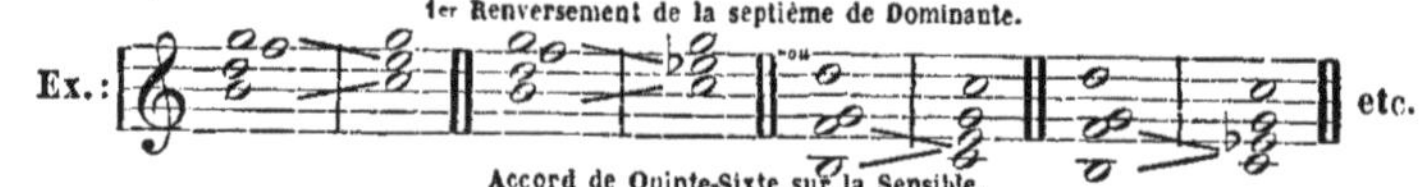

Accord de Quinte-Sixte sur la Sensible.

261. La deuxième combinaison consiste à prendre pour base la quinte de l'accord de septième, en transportant les autres notes à l'octave supérieure, d'où résulte un accord composé de *tierce mineure*, de *quarte mineure* et de *sixte majeure*. On lui a donné le nom d'*accord de sixte sensible*, parce que l'intervalle de sixte est formé avec la *sensible*. Il se place tonalement sur le deuxième degré, et se résout, dans les deux modes, sur l'accord de tonique ou sur son premier renversement.

2e Renversement de l'accord de septième de Dominante.

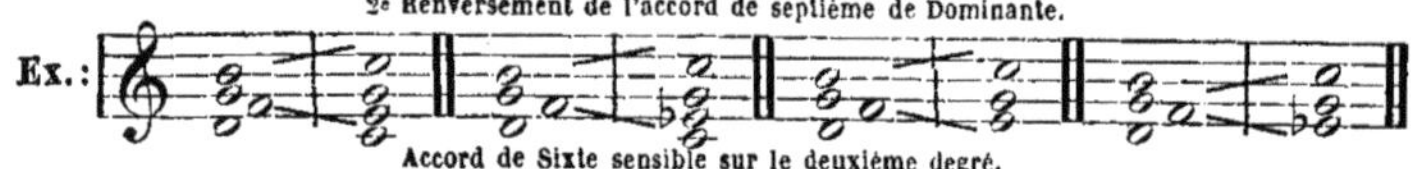

Accord de Sixte sensible sur le deuxième degré.

262. La troisième et dernière de ces combinaisons s'obtient en prenant pour base la septième de l'accord dissonant naturel, et en transportant les autres notes à l'octave supérieure, d'où résulte un accord composé de *seconde*, de *quarte* et de *sixte majeures*. On lui a donné le nom d'*accord de triton*, parce que l'intervalle de quarte majeure, appelé *triton*, en est l'élément caractéristique. Cet accord se place tonalement sur la sous-dominante, qui est la dissonance de l'accord de septième, et se résout sur l'accord de sixte de la médiante mineure ou majeure.

3e Renversement de l'accord de septième de Dominante.

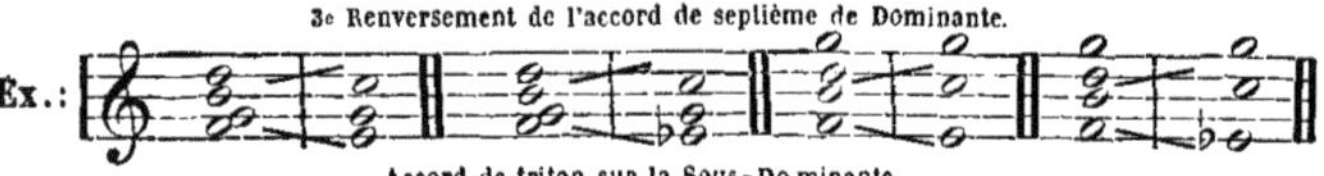

Accord de triton sur la Sous-Dominante.

263. L'accord parfait et celui de septième de dominante constituent, avec leurs renversements, toute l'*harmonie consonnante et dissonante naturelle*, et leur emploi, dans l'unité tonale, est limité aux seules circonstances dont il vient d'être parlé.

264. Donnons maintenant, comme application de la théorie qui vient d'être exposée, quelques exercices d'intonation sur les accords dissonants de la gamme majeure.

Exercices sur les Accords dissonants.

No 3. Canon à 4 voix égales.

Moderato. — BEETHOVEN.

A — B — C

CHAPITRE VINGT-DEUXIÈME.

DES GAMMES MINEURES.

A. Transformation des Gammes majeures en leurs mineures homonymes, ou Modulation au Mineur de même base.

264. Ce que nous avons dit, au chapitre XIX, de la formation des gammes des deux modes, nous dispense d'entrer dans de nouveaux développements au sujet des gammes mineures. En effet, nous avons déjà vu (219) que chaque gamme mineure se forme directement de son *homonyme majeure,* c'est-à-dire de la gamme majeure dont la tonique porte le même nom. Nous nous bornerons donc à rappeler ici que, *pour transformer une gamme majeure en sa mineure homonyme, il suffit de* BÉMOLISER (abaisser d'un demi-ton) *les modales majeures pour en faire des modales mineures* (209) : *d'où résulte une* MODULATION AU MINEUR DE MÊME BASE.

265. Pour plus de clarté, transformons, d'après ces données, les trois premières gammes par

dièses et les trois premières par *bémols* en leurs mineures homonymes, en plaçant chaque mineur à côté de son majeur.

TRANSFORMATION des Gammes majeures en leurs MINEURES HOMONYMES, en bémolisant les modales majeures,

OU MODULATION AU MINEUR DE MÊME BASE.

(Lisez ce tableau de bas en haut.)

PROPRIÉTÉ DES NOTES.		3 GAMMES PAR BÉMOLS. Min.	Maj.	Min.	Maj.	Min.	Maj.	GAMME MODÈLE. Min.	Maj.	3 GAMMES PAR DIÈSES. Min.	Maj.	Min.	Maj.	Min.	Maj.	MUTATION DES MODALES.
Toniques-Octaves.		mi♭	mi♭	si♭	si♭	fa	fa	do	do	sol	sol	ré	ré	la	la	
Sensibles.		ré	ré	la	la	mi	mi	si	si	fa♯	fa♯	do♯	do	sol♯	sol♯	Sensibles invariables dans les deux modes.
SIXIÈMES.	*Maj.*		do		sol		ré		la		mi		si		fa♯	Anciennes sixièmes majeures devenues *sixièmes mineures* au moyen de l'altération descendante.
	Min.	do♭		sol♭		ré♭		la♭		mi♭		si♭		fa♮		
Dominantes.		si♭	si♭	fa	fa	do	do	sol	sol	ré	ré	la	la	mi	mi	
Sous-Dominantes		la♭	la♭	mi♭	mi♭	si♭	si♭	fa	fa	do	do	sol	sol	ré	ré	
MÉDIANTES.	*Maj.*		sol		ré		la		mi		si		fa♯		do♯	Anciennes médiantes majeures devenues *médiantes mineures* au moyen de l'altération descendante.
	Min.	sol♭		ré♭		la♭		mi♭		si♭		fa		do		
Deuxièmes.		fa	fa	do	do	sol	sol	ré	ré	la	la	mi	mi	si	si	
TONIQUES.		mi♭	mi♭	si♭	si♭	fa	fa	do	do	sol	sol	ré	ré	la	la	Mêmes toniques pour les deux modes.

266. La comparaison des gammes mineures avec leurs gammes majeures respectives, en confirmant la règle énoncée (208), nous fait voir :

1° Que les deux gammes homonymes, ayant cinq notes communes, ne diffèrent que par *deux* notes, qui sont les deux *modales* (vérifiez);

2° Que l'abaissement des modales introduit dans les gammes mineures un intervalle de *seconde maxime* entre la sixième et la sensible (207), d'où provient le caractère particulier du mode mineur, dont l'air, essentiellement différent de celui de la gamme majeure, convient surtout pour exprimer la tristesse, la mélancolie ou les passions véhémentes;

3° Enfin que, par suite de la constitution tonale du mode mineur, les gammes de SOL et de RÉ renferment à la fois les signes *dièse* et *bémol*. Cela tient à ce qu'étant formées par les sons élémentaires *mi* et *si*, les *sixièmes* de leurs homonymes majeures n'ont pu être *baissées* qu'au moyen du bémol (vérifiez).

267. Par suite de ses intervalles constitutifs, le mode mineur présente quelques difficultés d'intonation. Cependant, avec un peu d'habitude, et en appuyant toujours la *sixième*, en montant comme en descendant, sur la dominante, à laquelle il faut penser pour l'attaquer, on parvient en peu de temps à les vaincre.

Nous allons donc donner quelques exercices d'intonation sur la gamme et les intervalles du mode mineur.

Etude préparatoire de la Gamme mineure.

Exercices sur les principaux intervalles de la Gamme mineure.

AVIS. — On étudiera ces exercices comme on a fait pour ceux de la gamme majeure (page 72), en se souvenant surtout des principes d'intonation contenus dans le chapitre III.

Intervalles sur la tonique **LA.**

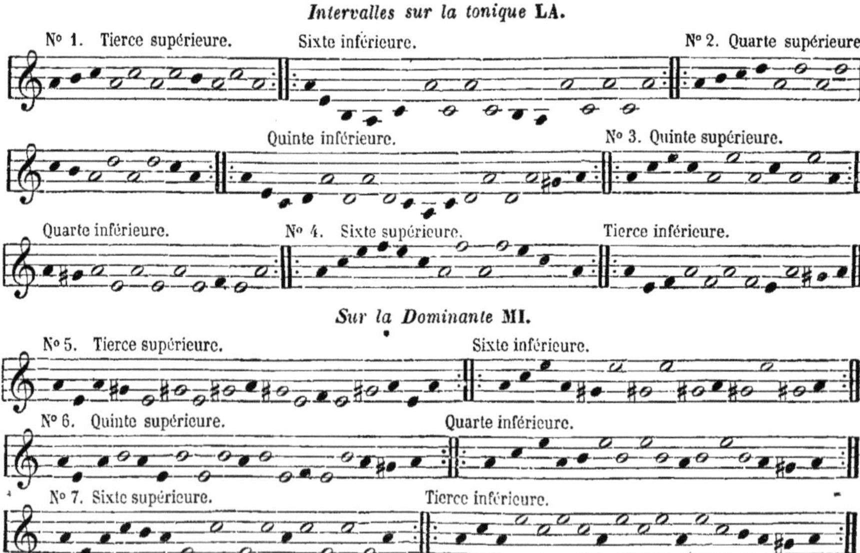

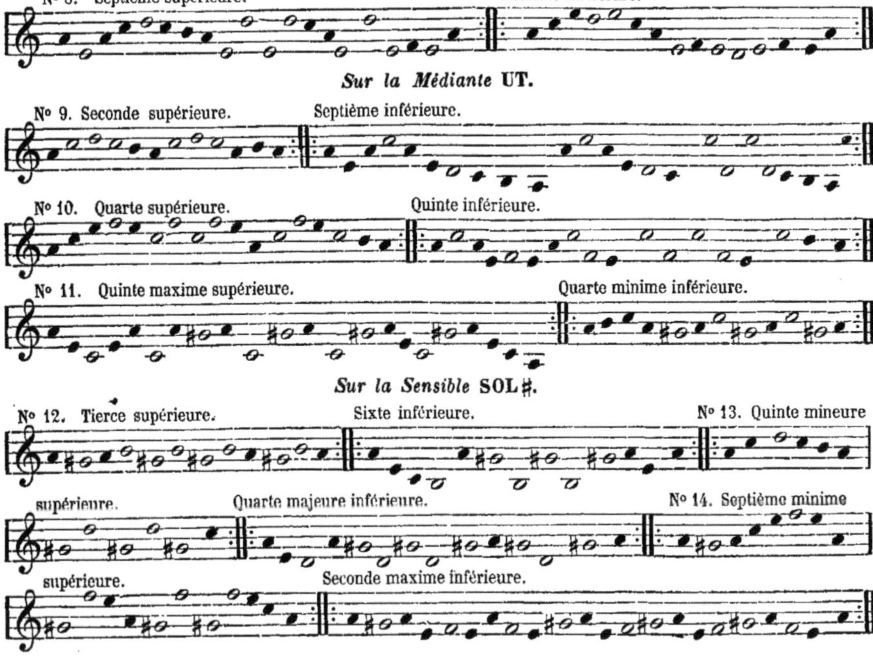

B. Transformation des Gammes majeures en leurs mineures relatives, ou Modulation au mineur relatif.

268. Nous venons de voir qu'en bémolisant ses modales, chaque gamme majeure donne naissance à une gamme mineure dont elle diffère par deux notes, et qu'on appelle sa mineure homonyme ou de même base. Examinons maintenant la relation qui existe entre les gammes du mode majeur et celles du mode mineur.

Disons d'abord que toute gamme majeure renferme, outre sa gamme mineure homonyme, les éléments d'une autre gamme mineure dont elle ne diffère que par *une seule* note, et qui a pour tonique la *sixième* de la gamme majeure, ou, ce qui est la même chose, la *tierce mineure* au-dessous de la tonique majeure.

En effet, si nous comparons, par exemple, la gamme d'UT *majeur* à celle de LA *mineur*, nous trouvons que ces deux gammes, ayant six notes communes, ne diffèrent que par la dominante majeure SOL, qui a été *diésée* pour pouvoir remplir le rôle de *sensible* dans la gamme de LA mineur, ainsi que le démontre la superposition des deux gammes :

Ex : { UT majeur. *la* —— *si* —UT—RÉ—MI—FA—SOL —— LA—SI—UT.
LA mineur. LA—SI—UT—RÉ—MI—FA —— SOL♯—LA.

D'où il suit que la tonalité d'UT *majeur* dépend exclusivement de la dominante SOL, comme la tonalité de LA *mineur* dépend de la sensible SOL♯.

269. Pour indiquer cette relation intime qui existe entre une gamme majeure et la gamme

mineure qui en procède (223), on dit que l'une est *relative* de l'autre. Ainsi LA *mineur* est le *mineur relatif* d'UT *majeur*, et, réciproquement, UT *majeur* est le *majeur relatif* de LA *mineur*.

270. Ce que nous venons de dire de la gamme d'UT *majeur* et de sa relative LA *mineur* pouvant également s'appliquer à toute autre *gamme majeure* et à sa *relative mineure*, nous déduirons de ce qui précède les deux règles pratiques suivantes :

1° *Pour passer du ton majeur à son mineur relatif, il suffit de prendre pour* TONIQUE *mineure la* SIXIÈME *majeure, et de* DIÉSER *la* DOMINANTE *du majeur pour en faire la* SENSIBLE *du ton mineur.*

Cela constitue une MODULATION AU MINEUR RELATIF.

2° *Pour passer du ton mineur à son majeur relatif, il faut prendre pour* TONIQUE *majeure la* MÉDIANTE *mineure, et* BÉMOLISER *la* SENSIBLE *mineure pour en faire la* DOMINANTE *du ton majeur.*

Cela constitue une MODULATION AU MAJEUR RELATIF.

271. Pour faciliter l'intelligence des explications qui précèdent, construisons, d'après ces règles, le tableau de quelques gammes majeures, tant par *dièses* que par *bémols*, en accompagnant chacune d'elles de sa mineure relative.

TRANSFORMATION des Gammes majeures en leurs MINEURES RELATIVES, en diésant la Dominante majeure,

OU MODULATION AU MINEUR RELATIF.

(Lisez ce tableau de bas en haut.)

MODULATION DU MAJEUR Au mineur relatif.	GAMMES RELATIVES PAR BÉMOLS.								GAMMES MODÈLES relatives.		GAMMES RELATIVES PAR DIÈSES.								MODULATION DU MINEUR Au majeur relatif.
	Maj.-Min.		Maj.-Min.		Maj.-Min.		Maj.-Min.		Maj.-Min.		Maj.-Min.		Maj.-Min.		Maj.-Min.		Maj.-Min.		
	LA♭		MI♭		SI♭		FA		UT		SOL		RÉ		LA		MI		
	sol	*	ré	*	la	*	mi	*	si	*	fa♯	*	ut♯	*	sol♯	*	ré♯	*	
Sixièmes majeures devenant *Toniques* des mineurs relatifs.	FA	FA	UT	UT	SOL	SOL	RÉ	RÉ	LA	LA	MI	MI	SI	SI	FA♯	FA♯	UT♯	UT♯	Sensibles min. devenant *Dominantes* des maj. relatifs.
		mi		*si*		*fa♯*		*ut♯*		*sol♯*		*ré♯*		*la♯*		*mi♯*		*si♯*	
Dominantes majeures devenant *Sensibles* des mineurs relatifs.	*mi♭* /		*si♭* /		*fa* /		*ut* /		*sol* /		*ré* /		*la* /		*mi* /		*si* /		
	ré♭	ré♭	la♭	la♭	mi♭	mi♭	si♭	si♭	fa	fa	ut	ut	sol	sol	ré	ré	la	la	
	ut	ut	sol	sol	ré	ré	la	la	mi	mi	si	si	fa♯	fa♯	ut♯	ut♯	sol♯	sol♯	
	si♭	si♭	fa	fa	ut	ut	sol	sol	ré	ré	la	la	mi	mi	si	si	fa♯	fa♯	
Toniques majeures devenant *Médiantes* des mineurs relatifs.	LA♭	LA♭	MI♭	MI♭	SI♭	SI♭	FA	FA	UT	UT	SOL	SOL	RÉ	RÉ	LA	LA	MI	MI	Médiantes mineures devenant *Toniques* des majeurs relatifs.
	*	sol	*	ré	*	la	*	mi	*	si	*	fa♯	*	ut♯	*	sol♯	*	ré♯	
Sixièmes maj. devenues *Toniques* des min. relatifs.		FA		UT		SOL		RÉ		LA		MI		SI		FA♯		UT♯	Toniques min. devenant *Sixièmes* majeures.

272. Ce tableau, en confirmant les règles que nous avons établies, nous montre :

1° Que chaque gamme mineure a un *bémol de moins*, ou, ce qui est la même chose, un *dièse de plus* que sa majeure relative (vérifiez);

2° Réciproquement, que chaque gamme majeure a un *dièse de moins*, ou, ce qui est la même chose, un *bémol de plus* que sa mineure relative (vérifiez);

3° Que, par conséquent, les deux gammes relatives ne diffèrent entre elles que par une *seule* note (268), qui est la *dominante* de l'une et la *sensible* de l'autre (vérifiez);

4° Enfin, que les deux toniques *relatives* sont séparées par un intervalle de *tierce mineure*, c'est-à-dire que la *tonique du relatif mineur* se trouve sur la *sixième majeure*, et, réciproquement, la *tonique du relatif majeur* sur la *médiante mineure* (vérifiez).

273. Afin d'indiquer qu'elles sont *relatives* les unes des autres, les gammes mineures portent la *même armure* que les gammes majeures dont elles procèdent. C'est ainsi que LA mineur, comme son majeur relatif UT, ne porte rien à l'armure; que MI mineur, comme son relatif majeur SOL, porte un ♯, etc.

Voici l'*armure* des principaux tons mineurs par dièses et par bémols :

274. Mais, comme le ton mineur diffère de son majeur relatif par *un dièse de plus*, ou, ce qui est la même chose, par *un bémol de moins* (remplacé par un ♮), qui porte *invariablement* sur la *sensible mineure* (270), il résulte de cette similitude d'armures que, lorsque cette note se rencontre, elle est toujours précédée du *signe altératif* qui transforme la dominante majeure en *sensible* du mineur relatif.

Voilà pourquoi les solféges ont pu dire : *Lorsque la dominante majeure est* DIÉSÉE, c'est-à-dire *haussée* d'un demi-ton par un ♯ ou un ♮, *on est dans le mineur relatif du ton majeur indiqué par l'armure de la clef.*

275. Nous ne terminerons pas ce chapitre sans faire remarquer que l'armure d'un ton mineur a *trois dièses de moins* ou, ce qui est la même chose, *trois bémols de plus* que celle du ton majeur homonyme, et réciproquement (vérifiez). Mais, comme la *sensible* du ton mineur est toujours précédée du *signe d'élévation* (274), il n'y a réellement entre les deux tons homonymes qu'une différence de *deux dièses* de plus ou *deux bémols* de moins, qui portent, ainsi qu'il a été dit (266), *invariablement* sur les deux modales.

276. Concluons de là ces deux règles pratiques :

1° TROIS BÉMOLS DE PLUS *ou* TROIS DIÈSES DE MOINS *à l'armure, dans le courant d'un morceau, indiquent une* MODULATION AU MINEUR DE MÊME BASE.

2° *Réciproquement,* TROIS BÉMOLS DE MOINS *ou* TROIS DIÈSES DE PLUS *à l'armure, dans le courant d'un morceau, indiquent une* MODULATION AU MAJEUR DE MÊME BASE.

277. Enfin, remarquons encore que, par suite de l'intervalle de *seconde maxime* qu'elle renferme entre la sixième et la sensible, la gamme mineure est sujette à de nombreuses modifications. Ainsi, pour éviter cet intervalle, qui, bien que constitutif du mode mineur (207), produit une impression pénible, parfois un peu dure, on monte la gamme mineure d'une façon, et on la descend d'une autre. A cet effet, on y introduit un ou plusieurs sons, qui sont autant d'emprunts faits à d'autres tonalités, car on ne peut altérer une de ses notes *constitutives* (207) sans changer de ton ou de mode.

Voici, dans la *Gamme-modèle* LA *mineur*, les quatre modifications qu'on fait subir au dernier tétracorde des gammes mineures :

Ces modifications sont la source de l'erreur qui a conduit nombre de théoriciens à donner à la gamme mineure une constitution tonale différente de celle que nous venons d'exposer, et qui est la seule véritable.

AVIS IMPORTANT. — Nous allons maintenant donner quelques exercices d'intonation sur les principaux accords du mode mineur. Quand on les saura bien tels qu'ils sont écrits, on les transposera, comme ceux des accords majeurs, dans les différentes tonalités mineures, en s'aidant des chiffres de propriété que nous avons placés sous chaque note et dont nous avons barré le 3 et le 6, afin de mieux indiquer les *modales mineures* qu'ils représentent.

Exercices sur les Accords du mode mineur.

ACCORDS CONSONNANTS.

CHAPITRE VINGT-TROISIÈME.

Parenté des Tons, ou enchaînement des Modulations.

278. Nous venons d'étudier la constitution tonale des deux modes qui sont la base de notre système moderne, ainsi que la formation et la génération des différentes tonalités que renferme chacun d'eux. Examinons maintenant l'usage que l'on fait des divers tons et modes dans les compositions musicales.

279. *Règle générale*, un morceau de musique d'une certaine étendue, sous peine d'être *monotone* dans toute la force du terme, ne se renferme pas dans une seule et même tonalité: il abandonne le ton initial pour passer successivement dans divers tons et modes, et revient enfin au ton primitif pour y terminer.

280. Le ton par lequel commence et finit un morceau se nomme *Ton principal*, et ceux dans lesquels on passe momentanément et occasionnellement, s'appellent *Tons analogues* ou *relatifs*, à cause de leur analogie, de leur relation avec le ton principal.

281. L'entrée dans une nouvelle tonalité, c'est-à-dire le moment même où l'on substitue les sons d'une nouvelle tonalité à ceux de la précédente, se désigne sous le nom de *Transition*, et l'ensemble de ces transitions d'un ton ou mode à l'autre, comme aussi le retour dans le ton principal, constitue la *Modulation* du morceau.

282. D'après ce qui vient d'être dit, il est évident que la modulation joue un rôle très-important dans la musique, et, quoiqu'on en néglige généralement l'étude dans l'enseignement ordinaire, sa connaissance est de la plus grande utilité pour quiconque s'occupe de musique pratique, ne fût-ce que pour savoir toujours dans quel ton module *momentanément* le morceau, afin de pouvoir ensuite lire plus facilement les notes, et au besoin deviner à l'avance certaines formules mélodiques ou harmoniques. Mais la connaissance des modulations devient surtout utile, *indispensable* même, dans le chant, où l'oreille, seul guide qu'on puisse prendre, ne peut apprécier les intonations, ainsi qu'il a été dit (39), que d'après le rôle que remplissent les notes dans la gamme.

Toutefois, dans un traité élémentaire, nous ne pouvons entrer dans de grands développements à l'égard de la modulation : nous devons nous renfermer dans ce qui est *indispensable* au chanteur, laissant à la science de l'harmonie le soin de compléter ce sujet important.

283. Cela posé, *quelles sont les lois qui régissent la modulation?* ou, en d'autres termes : *dans quels tons un morceau de musique doit-il ou peut-il moduler?*

A cette question nous répondrons qu'en *règle générale* le ton principal doit dominer dans une composition musicale, et que la modulation ne peut s'effectuer directement et sans intermédiaire que dans les tons qui ont le plus d'analogie avec lui, soit par les notes communes, soit par une tonique identique, de manière à ce que l'oreille puisse facilement saisir la liaison, le point de contact, entre chaque ton quitté et celui qui le suit.

Donc plus le nouveau ton a de notes communes avec le ton quitté, plus la modulation est facile, et plus aussi l'oreille est disposée à l'accepter, et même à la deviner.

284. Maintenant, quels sont les tons *analogues* ou *relatifs* d'un ton principal donné? — Pour formuler une règle générale, disons que la modulation est *simple* et *naturelle* quand elle a lieu:

1° *Dans les tons qui ont ou la* MÊME TONIQUE *ou la* MÊME ARMURE *que le ton principal;*

2° *Dans les tons dont l'armure n'a qu'*UN SIGNE DE PLUS *ou* UN DE MOINS *que celle du ton primitif.*

285. D'après cela, si nous nous reportons à ce qui a été dit dans les chapitres précédents, nous

trouvons qu'en partant d'un ton principal donné on peut toujours faire six modulations faciles, dont *deux* dans le même mode que le ton principal et *quatre* dans le mode opposé, savoir:

1° A la DOMINANTE (236)
2° A la SOUS-DOMINANTE (236) } dans le même mode (1);
3° Au ton HOMONYME du ton principal (264)
4° Au RELATIF du ton principal (270)
5° Au RELATIF de la Dominante (270)
6° Au RELATIF de la Sous-Dominante (270) } dans le mode opposé.

Remarquons en passant que, lorsque le morceau est dans un ton majeur, la modulation principale se fait à la *dominante*, et au *majeur relatif*, si le morceau est dans un ton mineur.

286. Si nous appliquons maintenant cette formule générale aux cas particuliers des tons d'UT *majeur* et de LA *mineur*, nous trouvons, pour leurs analogues, les deux tableaux suivants :

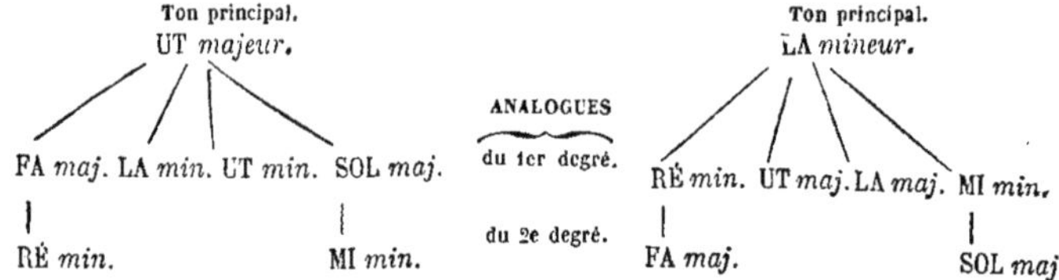

La comparaison de ces deux tableaux nous montre, ainsi que nous l'avons dit (285), que les analogues du ton majeur sont respectivement du mode opposé à ceux du ton mineur, et réciproquement (vérifiez).

287. Telles sont les modulations principales que l'on peut faire en partant d'un ton majeur ou mineur; telles sont aussi les lois d'analogie qui régissent l'enchaînement des tons, et auxquelles la modulation principale, pour être agréable et régulière, doit de toute nécessité être soumise.

Sans doute, on peut encore faire d'autres modulations que celles que nous venons d'indiquer; mais, ainsi que le dit M. Fétis (2), « les compositeurs les plus audacieux, ceux dont » le génie a le plus d'indépendance, ont été ramenés malgré eux à s'y renfermer, parce qu'ils » ont reconnu que tout ce qui en sort choque l'oreille au lieu de lui plaire. Ils ne se livrent à » des écarts et ne s'abandonnent à toutes les saillies modulées de leur imagination qu'après » avoir établi d'abord régulièrement la modulation principale; mais celles-là, loin de déplaire » à l'oreille, lui procurent des sensations d'autant plus vives qu'elles sont plus inattendues. »

288. Pour résumer ce chapitre, réunissons en un seul tableau synoptique les principales modulations d'un morceau *majeur* ou *mineur*, ainsi que les altérations qui les amènent.

Modulations dans un ton majeur.

En majeur.		
1° A la DOMINANTE, indiquée par un.........	♯ ou un ♮	à la *Sous-Dominante.*
2° A la SOUS-DOMINANTE......................	♭ ou un ♮	à la *Sensible.*
En mineur.		
3° Au MINEUR RELATIF......................	♯ ou un ♮	à la *Dominante.*
4° Au MINEUR HOMONYME....................	♭ ou un ♮	aux *Modales* 3. et 6.
5° A la DEUXIÈME (relatif de la Sous-Dominante).	♭ ou un ♮	à la *Sensible*, et un ♯ ou un ♮ à la *Tonique.*
6° A la MÉDIANTE (relatif de la Dominante)......	♯ ou un ♮	à la *Deuxième* et à la *Sous-Dominante.*

(1) Quoique dans le mode mineur les tons de la Dominante et de la Sous-Dominante diffèrent par trois sons du ton principal, ils sont néanmoins considérés comme *analogues du premier degré* de celui-ci, à cause de la relation intime qui existe entre la Tonique et les deux Dominantes (255).

(2) Musique mise à la portée de tout le monde, chap. XI. Paris, chez Brandus; 1847.

Modulations dans un ton mineur.

En mineur.

1° A la DOMINANTE, indiquée par un...... ♭ ou un ♮ à la *Sensible*, et un ♯ ou un ♮ à la { *Sous-Dominante* et à la *Sixième*.

2° A la SOUS-DOMINANTE.................... ♯ ou un ♮ à la *Médiante*, et un ♭ ou un ♮ à la { *Sensible* et à la *Deuxième*.

En majeur.

3° Au MAJEUR RELATIF.................... ♭ ou un ♮ à la *Sensible*.

4° Au MAJEUR HOMONYME................ ♯ ou un ♮ aux *Modales* 3 et 6.

5° A la SENSIBLE BAISSÉE (relat. de la Dom.). ♭ ou un ♮ à la *Sensible*, et un ♯ ou un ♮ à la *Sixième*.

6° A la SIXIÈME (relatif de la Sous-Dominante). ♭ ou un ♮ à la *Deuxième* et à la *Sixième*.

289. Ces modulations, avec les notes chromatiques, sont la source de toutes les difficultés d'intonation qui peuvent survenir dans le courant d'un morceau. On conçoit que, si elles se présentent d'une manière inattendue, elles doivent dans certains cas embarrasser le chanteur inexpérimenté. Il est donc très-important de bien se pénétrer des règles que nous avons établies à ce sujet, afin de savoir les reconnaître lorsqu'elles se rencontrent. A cet effet, nous allons faire suivre quelques exercices propres à fortifier dans la théorie et dans la pratique de ces difficultés. Pour en faciliter l'étude et l'intelligence, nous indiquerons les modulations par le chiffre de propriété qui en marque la transition : les chiffres *inclinés* ou *barrés* représentent les notes de la gamme mineure, et pour trouver plus facilement l'intonation suivante, les chiffres entre *parenthèse* signifient qu'il faut quitter cette note avec la propriété qu'ils indiquent.

Rappelons encore à cette occasion que, *règle générale*, il faut attaquer le *dièse accidentel* en le serrant contre la note supérieure comme le SI contre l'UT (133), et le *bémol accidentel*, en l'appuyant sur la note inférieure, comme on appuie le FA sur le MI (139).

A. Dans les principaux tons majeurs:

1° Modulation à la *Dominante*, en *diésant* la Sous-Dominante.

2° Modulation à la *Sous-Dominante*, ou retour au ton initial, en *bémolisant* la Sensible.

B. Dans les principaux tons relatifs.

1° Modulation au *mineur* relatif, ou à la Sixième, en *diésant* la Dominante majeure.
2° Modulation au *majeur* relatif, ou retour au ton initial, en *bémolisant* la Sensible mineure.

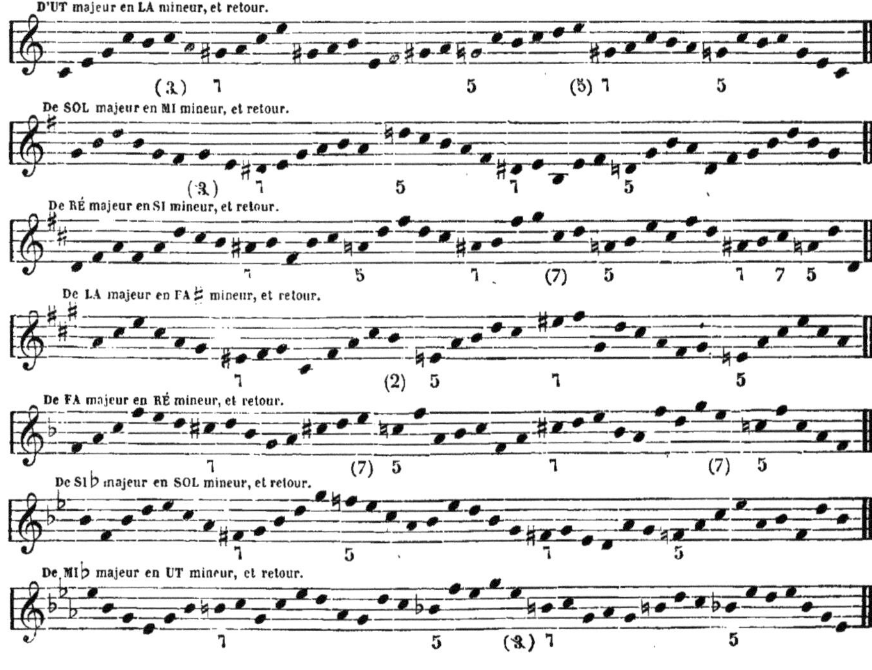

C. Dans les tons homonymes.

1° Modulation en *mineur* homonyme, en *bémolisant* les deux modales majeures.
2° Modulation au *majeur* homonyme, en *diésant* les deux modales mineures.

De MI majeur en MI mineur, et retour.

6 3 3 6

*Exercice général sur les principales modulations d'un ton majeur, appliqué au cas particulier du ton d'*UT *majeur.*

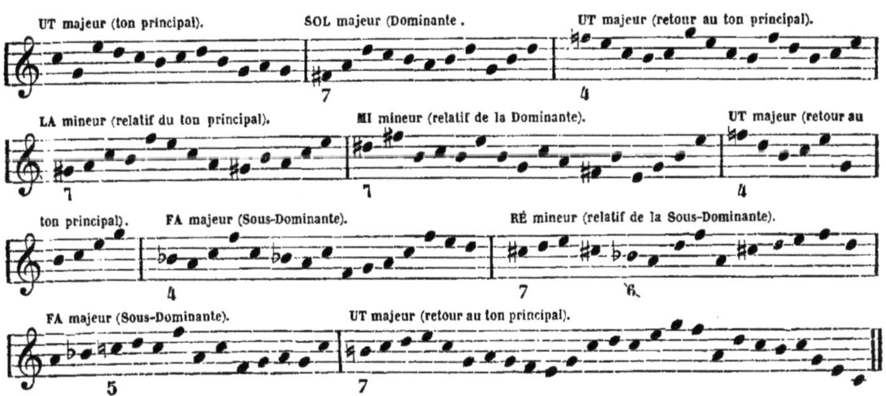

Exercice général sur les principales modulations d'un ton mineur, appliqué au cas particulier du ton de LA *mineur.*

DE LA MESURE.

TROISIÈME SECTION.

CHAPITRE VINGT-QUATRIÈME.

Théorie générale des Mesures.

290. Dans les deux premières sections de la Mesure nous avons appris à connaître la rhythmique tout entière, dans son ensemble comme dans ses détails. En effet, nous savons qu'il n'existe que trois espèces de mesures, et que l'*unité de temps* de chacune d'elles peut subir la division *binaire* ou la division *ternaire*, ce qui donne, pour les trois mesures, le tableau suivant :

1° La mesure à DEUX TEMPS	*binaire*, indiquée par $\frac{2}{4}$	qui signifie 2 ♩	par mesure.
	ternaire, indiquée par $\frac{6}{8}$	qui signifie 2 ♩.	
2° La mesure à TROIS TEMPS	*binaire*, indiquée par $\frac{3}{4}$	qui signifie 3 ♩	par mesure.
	ternaire, indiquée par $\frac{9}{8}$	qui signifie 3 ♩.	
3° La mesure à QUATRE TEMPS	*binaire*, indiquée par C	qui signifie 4 ♩	par mesure.
	ternaire, indiquée par $\frac{12}{8}$	qui signifie 4 ♩.	

291. Si l'on prenait toujours, comme nous l'avons fait et comme en bonne logique on devrait le faire, la *noire* ♩ pour représenter l'unité des mesures *binaires*, et la *noire pointée* ♩. pour celle des mesures *ternaires*, nous n'aurions rien à ajouter à ce que nous avons dit sur les mesures. Mais il n'en est pas ainsi dans la notation ordinaire. On prend parfois, dans les mesures binaires, la *ronde* 𝅝, la *blanche* 𝅗𝅥, ou la *croche* ♪, pour représenter l'unité de temps, et, dans les mesures ternaires, la *ronde pointée* 𝅝., la *blanche pointée* 𝅗𝅥., ou la *croche pointée* ♪., pour exprimer également l'unité de temps.

Cela vient de ce que les anciens, n'ayant pas eu l'idée d'un métronome, s'étaient cru obligés de représenter l'unité de temps par des signes différents, suivant le degré de vitesse ou de lenteur qu'elle devait exprimer. De là aussi ces prétendues subtilités de nuances que l'on croit trouver dans le caractère et l'expression générale d'un morceau, selon que l'unité est exprimée par une *ronde*, une *blanche*, etc., et qui n'existent que dans l'imagination de ceux qui les ont rêvées.

292. Disons-le une fois pour toutes, quel que soit le signe de l'unité, il n'a aucune influence sur le mouvement et le caractère du morceau; car l'unité binaire se divise *toujours en deux*, et l'unité ternaire *toujours en trois*. Si donc on prend la blanche pour unité, le temps binaire se divise en *deux noires* au lieu de deux croches; et si l'on prend la blanche pointée pour unité, le temps

ternaire se divise en *trois noires* au lieu de trois croches. Le même rapport existe respectivement entre tous les autres signes de l'unité.

Cette notation, qui est évidemment vicieuse, et qui à ce titre devrait être bannie à tout jamais de la musique, n'a donc d'autre influence sur la mesure que celle d'en compliquer l'étude et la lecture. Cependant on se rend facilement compte des mesures dont nous venons de parler, en les comparant aux *mesures-types* que nous avons étudiées, et avec un peu de pratique l'œil finit par s'y habituer.

293. Voici le tableau du système général des trois mesures avec les quatre signes de l'unité. Pour en faciliter l'intelligence, chaque mesure est surmontée du signe explicatif que nous avons adopté pour cet ouvrage.

MESURES

294. Pour faire comprendre la signification des chiffres dont on se sert pour indiquer les différentes espèces de mesures, disons que, la ronde ayant été prise pour unité principale de durée, le *numérateur* (chiffre supérieur) indique le nombre de parties de la ronde contenues dans la mesure, et le *dénominateur* (chiffre inférieur), le rapport de ces parties avec la ronde, c'est-à-dire l'espèce de notes employées pour représenter ces parties de la ronde.

Ainsi la fraction $\frac{2}{4}$ veut dire que la mesure renferme *deux quarts* de ronde, c'est-à-dire *deux noires*, et la fraction $\frac{6}{8}$, qu'elle se compose de *six huitièmes* de ronde, c'est-à-dire de *six croches*, et ainsi des autres. Mais ce mode d'indication des mesures, par suite de l'imperfection des signes employés, est entaché d'un vice radical comme l'objet même qu'il représente : c'est de ne pas toujours exprimer la *même quantité*, ce qui, en jetant de la confusion dans l'esprit des élèves, est la cause première des difficultés qu'ils rencontrent dans l'étude de la mesure. Que les musiciens sachent donc une bonne fois se mettre d'*accord* pour ne plus employer qu'un *seul et même signe* pour représenter une *seule et même chose* : par là ils simplifieront leur art, et en rendront l'étude accessible à TOUS !

En effet, ces fractions exprimant tantôt la division de la mesure, tantôt la division du temps, et toutes les deux presque toujours sous des formes différentes, les commençants éprouvent beaucoup de peine à s'y reconnaître.

295. Voici deux règles pratiques à l'aide desquelles on distinguera facilement les mesures *binaires* des mesures *ternaires*, ainsi que l'unité et le nombre de temps de chacune d'elles :

1° *Lorsque le* NUMÉRATEUR *ne dépasse pas le chiffre 4, la mesure est* BINAIRE, *et elle contient autant de temps qu'il y a d'unités dans le numérateur. Dans ce cas l'*UNITÉ DE TEMPS *est représentée par la fraction de ronde exprimée par le dénominateur.*

Ex : La fraction $\frac{3}{2}$ indique une mesure *binaire à 3 temps*, dont chaque temps est représenté par une moitié de ronde, c'est-à-dire par une *blanche*.

2° *Lorsque le* NUMÉRATEUR *ne descend pas au-dessous du chiffre 6, la mesure est* TERNAIRE, *et elle renferme autant de temps que 3 est contenu de fois dans le numérateur. Dans ce cas l'*UNITÉ DE TEMPS *est représentée par le triple de la fraction de ronde exprimée par le dénominateur.*

Ex. : La fraction $\frac{6}{4}$ indique une mesure *ternaire à 2 temps* (puisque 3 est contenu 2 fois dans 6), dont chacun équivaut à 3 fois le quart d'une ronde, c'est-à-dire à une *blanche pointée*.

296. Les solféges, qui ont du reste complétement dénaturé le système général des mesures, désignent communément les mesures binaires sous le nom de *mesures simples*, et les mesures ternaires sous celui de *mesures composées* ou *dérivées*. Ces dénominations nous paraissent impliquer une idée fausse ; car les *tiers* ne proviennent pas plus des *moitiés* que celles-ci ne dérivent des *tiers*. En conséquence, nous les rejetterons pour nous en tenir à celles données plus haut, et nous diviserons les mesures en *binaires* et en *ternaires*.

CHAPITRE VINGT-CINQUIÈME.

Des Figures mélismatiques (¹), ou des Notes d'agrément.

297. Pour compléter ce qui a rapport à la rhythmique, il nous reste à parler de quelques figures mélismatiques ou mélodiques, appelées *notes d'agrément*, et à en faire connaître la notation et l'exécution. Nous nous bornerons aux plus usitées, à celles qui sont indispensables dans la pratique, et nous passerons sous silence la longue nomenclature de celles dont le pédantisme scolastique, et un peu la mode, ont longtemps fait le tourment des maîtres et des élèves. Mais, comme les solféges ne sont pas plus d'accord sur les dénominations de ces ornements que sur leur notation et leur exécution, nous accompagnerons chacun d'eux d'un exemple donnant la manière de le noter et de l'exécuter.

298. Les ornements les plus usités sont : 1° L'*appoggiatura* (prononcez appodgiatoure), appui ; 2° le *gruppetto*, groupe ; 3° le *mordente*, mordant, et 4° le *trille*.

(¹) Le mot *mélismatique*, qui dérive du grec *melos*, chant, s'applique plus spécialement à de petites figures mélodiques partielles, comme celles dont il est question, tandis que *mélodique* se rapporte plutôt à l'ensemble.

1° De l'Appoggiatura.

299. Le plus simple des ornements de la mélodie est l'*appoggiatura* (du verbe *appoggiare*, appuyer). Il consiste en une petite note placée immédiatement devant une grande à laquelle on l'unit ordinairement par une liaison. Cette petite note, qui ne compte pas dans la mesure, n'a qu'une durée relative qu'elle prend sur celle de la note principale qui la suit et dont elle dépend.

300. On distingue trois espèces d'appoggiatura : les *longues*, les *brèves* et les *doubles*.

A. *De l'Appoggiatura longue.*

301. L'*appoggiatura longue* prend toujours la *moitié* de la durée de la note qu'elle précède, lorsque celle-ci est divisible par deux.

Ex.: 

302. Lorsque l'*appoggiatura* se trouve devant une note pointée appartenant à la division *binaire*, la petite note prend toujours la *durée entière* de la note principale, et celle-ci ne conserve que la durée du point. *Ex.:*

303. Mais lorsque la note principale pointée appartient à la division *ternaire*, où l'incision du rhythme divise la mesure en deux parties égales, comme dans les mesures $\frac{6}{8}$, ou $\frac{6}{4}$, ou $\frac{12}{8}$, l'*appoggiatura* prend la *moitié* de la durée de la note principale. *Ex.:*

304. Lorsque la note principale est unie par la liaison à une autre de plus courte durée, l'appoggiatura prend la *durée entière* de la note principale. *Ex.:*

305. L'*appoggiatura* peut se faire par en *bas* aussi bien que par en *haut*, c'est-à-dire par la note *au-dessous* ou celle *au-dessus* de la note principale. Généralement l'appoggiatura au-dessus de la note principale forme avec celle-ci un intervalle d'un ton, tandis qu'elle forme *toujours* un demi-ton lorsqu'elle est au-dessous. L'appoggiatura par en haut demande une accentuation plus forte que celle par en bas. *Règle générale*, dans l'une et l'autre position l'appoggiatura doit être traitée comme note *forte*, et, pour cette raison, recevoir un accent plus fort que la note principale elle-même.

306. Dans une notation correcte, lorsque l'*appoggiatura* se trouve devant une note divisible par *deux*, elle doit s'écrire avec une petite note qui a pour durée la moitié de celle de la note principale, et lorsque celle-ci est divisible par *trois*, la petite note a la même durée qu'elle, ainsi qu'on le voit dans les exemples précédents.

B. *De l'Appoggiatura brève.*

307. L'*appoggiatura brève* s'écrit ordinairement avec une petite note dont la forme représente le *quart* ou le *huitième* de la durée de la note principale, ou tout simplement, sans avoir égard à la note principale, par une petite croche dont le crochet est barré.

Ici la petite note n'a point de durée déterminée; mais elle s'exécute en la brisant contre la note principale, dont elle altère à peine la durée, et qu'en retour elle accentue plus vivement.

L'*appoggiatura brève*, aussi bien que la longue, peut se faire avec la note supérieure ou la note inférieure, ou avec tout autre intervalle (voyez l'exemple *c*).

C. *De l'Appoggiatura-double.*

308. L'*appoggiatura-double*, qui se pratique plus particulièrement dans la musique moderne, consiste en deux petites notes placées devant la note principale, et dont l'une est à un intervalle quelconque au-dessus de la note principale, et l'autre au-dessous. Cet ornement, qui prend également sa durée sur celle de la note principale, s'exécute rapidement et légèrement, en appuyant toutefois un peu plus sur la première note que sur la seconde.

309. Il est encore une autre espèce d'*appoggiatura-double*, qui consiste en deux petites notes diatoniques placées immédiatement *au-dessus* ou *au-dessous* de la note principale. Cet ornement, qui emprunte aussi sa durée à celle de la note principale, est d'autant plus brillant qu'on l'exécute plus rapidement et plus légèrement.

310. De même que l'on place deux petites notes devant la note principale, de même il est d'usage d'en mettre *une* ou *deux* après la note principale, à laquelle elles empruntent également leur courte durée. *Ex.:*

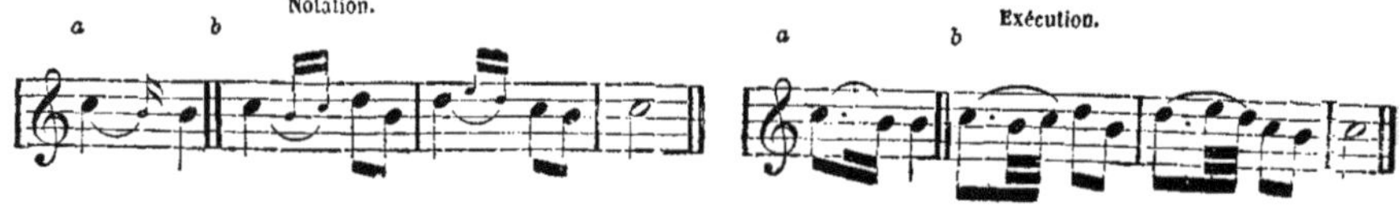

2° Du Gruppetto ou Groupe.

311. Un des ornements les plus usités, tant dans le chant que dans la musique instrumentale, c'est le *gruppetto* ou *groupe*. Il consiste en *trois* ou *quatre* petites notes consécutives dont les limites ne dépassent jamais l'intervalle d'une *tierce mineure*, et que l'on place *avant* ou *après* la note principale, d'où elles tirent dans les deux cas leur valeur. On l'emploie tantôt en montant (*gruppetto all' in sù*), tantôt en descendant (*gruppetto all' in giù*); et, suivant qu'il doit commencer par la note au-dessus ou celle au-dessous de la note principale, on l'indique par le signe ∽, ou par le même renversé S. Ces signes se placent sur la note qui doit être précédée du *gruppetto*, et après celle qui doit en être suivie.

312. Lorsque le *gruppetto* est placé après la note principale, et qu'il est suivi d'une note sur le même degré que la précédente, on l'exécute à la fin de la durée de la note principale, comme dans les exemples *a* et *b*. Mais, lorsqu'il est suivi de toute autre note que la note principale, et celle-ci devant le terminer *invariablement*, il se trouve forcément composé de quatre notes. Dans ce cas, on l'exécute comme dans les exemples *c* et *d*.

313. Lorsque le *gruppetto* précède la note principale, il doit commencer, en montant comme en descendant, avec la durée de celle-ci, c'est-à-dire que la première note du *gruppetto* doit prendre la place de la note principale. Dans ce cas, on l'exécute de la manière suivante :

314. Lorsque le *gruppetto* se trouve au-dessus d'un *point* de la division *binaire*, il doit commencer avec la durée du point, et s'exécuter ainsi :

315. Dans l'exécution du *gruppetto*, les notes au-dessus et au-dessous de la note principale doivent toujours être conformes au diatonisme de la gamme où l'on se trouve. Mais, si l'une d'elles doit être *diésée* ou *bémolisée*, le compositeur qui tient à une écriture claire et correcte,

a soin de l'indiquer en plaçant *au-dessus* ou *au-dessous* du signe du *gruppetto* les accidents nécessaires, comme dans les exemples suivants :

316. Le *gruppetto*, dont la vitesse est toujours subordonnée au mouvement général du morceau, doit être articulé légèrement et surtout très-distinctement, sous peine de produire un effet lourd et désagréable. Un léger accent placé sur la première note, dont on pourra, dans certains cas un peu différer la durée, tournera au profit de la netteté du *groupe*.

3° Du Mordente ou Mordant.

317. Le *mordente* ou *mordant*, comme l'appoggiatura double, consiste en deux petites notes placées devant la note principale. Ce qui distingue ces deux ornements, c'est que le *mordente* est toujours formé par la note principale suivie de la note diatonique immédiatement au-dessus, tandis que l'appoggiatura-double se compose des notes inférieures et supérieures de la note principale. *Ex.:*

Il prend sa durée sur celle de la note principale, et s'exécute le plus rapidement possible comme ci-dessus. Par abréviation, on l'indique souvent par ce signe ⁓, qui ressemble à une *n* de l'écriture cursive, ainsi qu'on le voit dans l'exemple *b*.

4° Du Trille, ou Trillo.

318. Le *trille*, de l'italien *trillo*, est à la fois le plus brillant et le plus difficile de tous les ornements. Il consiste dans le battement alternatif, rapide et régulier de la note principale avec la note immédiatement supérieure, et il s'indique dans la musique moderne par les initiales *tr* ou *tr*⁓, et dans la musique ancienne par le signe +, placé au-dessus de la note qui doit recevoir le trille. Pour arrondir le trille et le terminer plus élégamment, on le fait généralement suivre de deux ou plusieurs petites notes qu'on appelle sa *terminaison*, et dont la première est *invariablement* un degré au-dessous de la note principale. *Ex.:*

La durée individuelle de chacune des notes du *trille* est indéterminée; mais la durée totale du *trille* doit remplir rigoureusement toute celle de la note qui le porte; parce qu'autrement il serait d'un effet pauvre et maigre, qui ressortirait d'autant plus, qu'il laisserait un plus grand vide entre lui et la note suivante.

319. Quelquefois le *trille* se fait avec la note inférieure (*a*), ou il commence par celle-ci et continue avec la note supérieure (*b*), ou réciproquement (*c*); et enfin, d'autres fois, il se fait avec la note supérieure *diésée* ou *bémolisée* (*d*). Tous ces cas s'indiquent comme il suit :

320. Nous n'entrerons pas dans de plus grands développements au sujet du *trille*, attendu que l'exécution de cet ornement exige une étude et des soins qui ne sont pas du domaine de l'enseignement élémentaire.

Cependant nous ne terminerons pas ce chapitre sans faire remarquer expressément (*cela s'adresse spécialement aux pianistes*) que tous les ornements, ne comptant que dans la partie (voix) où ils se trouvent, n'altèrent en rien la durée des notes des autres parties. En conséquence, l'exemple *a* doit s'exécuter comme dans *b*, et non comme dans *c*.

Règle générale, pour chanter les petites notes, il faut les *vocaliser* sur le nom de la note principale, au lieu de nommer chacune par son nom individuel, ainsi que nous l'avons indiqué aux premiers exemples de l'*appoggiatura* et du *gruppetto*.

Enfin, pour finir, remarquons encore que, semblables aux plantes parasites qui vivent aux dépens de celles au pied desquelles elles croissent, les ornements ou notes d'agrément tirent leur durée de celle de la note principale qu'ils précèdent ou qu'ils suivent.

APPLICATION RÉSUMÉE DE TOUT CE QUI PRÉCÈDE.

Trio à voix égales par MÉHUL.

Canon à 3 voix égales.
Allegro moderato.
A
L'abbé Schwach.
B
Fin.
Fin.
C
D.C.A
Fin.

Fragment du Songe d'une Nuit d'Été.

Allegro.

Musique de MENDELSSOHN.

1re partie. 2 *p*

2e partie. 2 *p*

3e partie. 2 *p*

p *p* *p*

p *p* *p*

fp *fp* *fp* *Cresc.* *Cresc.*

sf *Cresc.* *fz* *sf* *Cresc.*

Canon à 2 voix égales avec une partie d'accompagnement.

CODA.
Cadenza.
Duo à 2 voix égales par GOSSEC.
Allegretto.
1°
2°
p
p

f
f
p
p

CHAPITRE VINGT-SIXIÈME.

De la Musique vocale.

321. La musique, pour devenir appréciable à l'oreille, exige l'usage d'un organe, d'un moyen d'exécution quelconque. A cet effet, on emploie la *voix humaine* et un certain nombre d'organes artificiels, appelés *instruments*, qui ne sont que des imitations plus ou moins imparfaites de l'instrument naturel que le Créateur nous a donné. En effet, à quelque degré de perfection que les instruments aient été portés de nos jours, aucun d'eux ne peut rivaliser avec la voix humaine, qui est à la fois le plus beau, le plus puissant et le

plus sympathique des moyens d'exécution que la musique possède. Nous n'avons à nous occuper ici que de la voix humaine dans son application à la musique et son union avec la parole, d'où résulte le *chant* proprement dit, dont elle est à la fois l'organe et l'unique interprète. Le chant est la véritable musique innée à l'homme; la voix est notre propre instrument : elle est bien plus, elle est l'*organe vivant et sympathique de notre âme.* Tout ce qui s'agite dans notre intérieur, tout ce que nous sentons, se révèle et se personnifie en quelque sorte dans notre voix; et c'est ainsi que la voix et le chant sont, comme on peut le remarquer chez les plus petits enfants, les premières fleurs de notre poésie et les plus fidèles interprètes de nos sentiments jusqu'à la vieillesse tremblante,

A. *De la Voix humaine et de sa Classification.*

322. Ayant déjà dépassé de beaucoup les limites dans lesquelles nous nous proposions de renfermer cet ouvrage, nous renvoyons, pour la description organique de l'appareil vocal et la production de la voix, aux livres spéciaux qui en traitent. En conséquence, nous ne parlerons que des deux principaux *timbres* (qualité de son) que l'on distingue dans chaque espèce de voix, et qui se désignent sous le nom de *registres.*

323. Les sons que la voix produit naturellement et sans effort, ceux que l'on emploie ordinairement pour parler, se nomment *sons laryngiens* (parce qu'ils viennent du larynx ou de la glotte supérieure), et constituent ce qu'on appelle le *registre de poitrine.*

Les sons que l'on ne peut produire qu'avec un certain effort, une certaine contraction de la partie supérieure de l'appareil vocal, c'est-à-dire les sons aigus, se nomment *sons sur-laryngiens* (parce qu'ils viennent de la glotte supérieure), et constituent ce qu'on appelle le *registre du fausset* chez l'homme, et le *registre de tête* chez la femme.

324. Les voix humaines se divisent, suivant le sexe, en deux classes principales, savoir : 1° *les voix d'hommes;* 2° *les voix de femmes.* Parmi ces dernières on range celles des jeunes garçons jusqu'à l'âge de la puberté, moment de crise où s'effectue la *mue* de la voix.

325. Par suite de la conformation de l'organe vocal, la voix de femme et de garçon est naturellement une *octave plus élevée* que la voix d'homme. Ainsi, quand une voix de femme ou de garçon et une voix d'homme semblent chanter à l'*unisson* (un seul son), la voix d'homme chante réellement une *octave au-dessous.* C'est précisément cette différence d'élévation qui caractérise ces deux genres de voix. Ne serait-ce pas là ce qui a donné naissance au système par octave?

326. La classe des voix d'hommes, ainsi que celle des voix de femmes, se distingue en deux espèces principales : les *voix aiguës* et les *voix graves,* dont chacune se subdivise en deux variétés qui forment les voix intermédiaires entre les deux extrêmes. Voici le tableau général de la classification des voix :

(Lisez ce tableau par en bas.)

Classe des 4 voix de femmes.	SOPRANI....	*Soprano* 1°	— Soprano léger.	Voix aiguës	des femmes.
		Soprano 2°	— Mezzo-Soprano.		
	CONTR'ALTI.	*Contr'alto* 1°	— Alto	Voix graves	
		Contr'alto 2°	— Contralto....		
Classe des 4 voix d'hommes.	TENORI....	*Tenore* 1°	— Ténor léger..	Voix aiguës	des hommes.
		Tenore 2°	— Ténor grave..		
	BASSI.......	*Basso* 1°	— Baryton....	Voix graves	
		Basso 2°	ou Basse.....		

327. Chacune de ces voix a une étendue moyenne, appelée *diapason*, de *onze à douze* sons, et commence une tierce au-dessus de la voix immédiatement inférieure. L'étendue générale des voix humaines, depuis la basse jusqu'au soprano, est donc environ de trois octaves et demie. Nous reviendrons là-dessus au chapitre de la théorie des clefs.

B. De la Parole appliquée au chant, et de la Prononciation.

328. La *parole* s'unissant intimement et régulièrement au chant, nous avons également à la considérer comme organe de la musique vocale, sans toutefois avoir égard à la signification des mots. En raison de la spécialité du sujet, nous n'avons à nous occuper ici que des éléments constitutifs des mots et de leur prononciation.

329. Chacun sait que les mots se composent de voyelles, telles que *a, e, i, o,* etc., et de consonnes, telles que *b, c, d, r, s,* etc., et qu'à l'aide de ces éléments la parole est susceptible d'exprimer les idées, les pensées les plus diverses. Souvent, sous la plume de nos poëtes et dans la bouche de nos orateurs, la langue française s'est élevée jusqu'au sublime de l'expression!

Cela dit, nous allons donner quelques conseils généraux et pratiques au sujet de la *prononciation* dans le chant, où elle joue un rôle très-important.

330. La plus scrupuleuse observation des consonnes, leur articulation la plus incisive et la plus marquée, est, outre l'émission pure et sonore des voyelles, la condition *sine qua non* d'une prononciation nette et distincte.

331. Lorsqu'une voyelle n'est ni précédée ni suivie d'une consonne, elle doit être nécessairement articulée, afin qu'elle soit parfaitement pure et sonore depuis le commencement jusqu'à la fin. Cependant cette articulation de la voyelle est avantageusement remplacée par celle de la consonne qui la précède. Mais, dans ce cas, il est absolument indispensable que la consonne soit articulée le plus distinctement et le plus vivement possible, afin qu'elle n'altère en rien la durée du son de la voyelle qui la suit; car, le son ne pouvant se produire que sur les voyelles, l'élément principal du chant serait interrompu si la consonne remplissait la moindre durée du son vocal.

332. *Règle générale*, le son de la voyelle ne doit se faire entendre que lorsque la consonne est articulée, ce qui, après avoir donné à l'appareil vocal la position convenable pour la production du son, doit se faire le plus promptement possible, de manière à ce que la consonne, intimement liée à la voyelle, semble ne faire qu'*un* avec elle.

333. Enfin, pour terminer, disons que dans le chant la langue de la parole et la langue des sons, en se prêtant un mutuel appui, doivent s'identifier de manière à ne former qu'un seul et même *tout :* alors les sons donneront de la vie aux voyelles, pendant que les consonnes marqueront les limites de la durée des sons.

CHAPITRE VINGT-SEPTIÈME.

De la Respiration dans le Chant, et de la Mise de voix.

334. La connaissance approfondie des règles de la *respiration* est de la plus haute importance pour le chanteur futur qui veut ménager sa voix et acquérir un jour une belle qualité de son, ainsi qu'une déclamation juste. En effet, soumise aux lois du rhythme, de la mélodie et de

la déclamation, la respiration seule nous donne les moyens de traiter convenablement une mélodie, et d'y mettre l'expression qui convient à son caractère. Mais, dans un livre élémentaire, nous ne pouvons qu'effleurer ce vaste sujet et établir quelques règles générales qui seront toujours subordonnées au caractère de la composition et à l'individualité du chanteur.

335. Voici, d'après les maîtres de la grande Ecole italienne, les principales règles pour la respiration dans le chant :

1° Il faut toujours régler sa respiration de manière à ne pas nuire à l'ensemble du morceau.

2° Il faut approvisionner les poumons d'une quantité d'air suffisante, afin que, faute de celui-ci, on ne remarque point d'inégalité de force entre les sons d'une même phrase.

3° Généralement la respiration rhythmique doit être subordonnée à la respiration mélodique, de manière à ce que le rhythme se dessine comme faisant partie intégrante de la mélodie.

4° Lorsque l'élément rhythmique doit dominer la mélodie, comme dans les mouvements de marche et de danse, la respiration doit se faire de manière à ne pas détruire l'incision des temps forts.

5° Mais, lorsque les éléments rhythmiques et mélodiques ne se laissent pas unir et que la mélodie doit dominer dans le chant, il ne faut jamais respirer sur les barres de mesures, afin de rendre le chant plus coulant, et d'éviter une accentuation mécanique dans le rhythme. Ainsi, dans la mesure à 4 temps, la respiration sera le mieux placée avant le *deuxième* ou le *quatrième* temps; dans la mesure à 2 temps, avant le *second* temps, et dans la mesure à 3 temps, avant le *troisième* temps, ou, si le sens des paroles le permet, avant le *second* temps.

6° *Règle générale*, il faut respirer sur chaque silence, de quelque courte durée qu'il soit.

7° Lorsque plusieurs notes de longue durée sont liées entre elles, il faut respirer avant celle qui a la plus grande durée.

8° Il faut respirer avant chaque note sur laquelle on veut développer toute la puissance du son par la *messa di voce* (mise de voix).

9° En chantant du texte, il faut, si faire se peut, émettre dans une même respiration autant de mots qu'il est nécessaire pour former un sens complet.

10° Il faut respirer avant chaque mot qui porte une note de longue durée, lorsque celle-ci est immédiatement suivie d'un trait.

11° Il ne faut jamais respirer au milieu d'un mot, ni séparer l'article ou l'adjectif de son substantif, ni le pronom et le verbe auxiliaire du verbe.

12° Enfin, pour terminer, ajoutons qu'il ne faut jamais respirer entre l'*appoggiatura* et la note principale.

336. Telles sont les règles générales que l'on peut établir à l'égard de la respiration dans le chant; mais on conçoit facilement qu'elles ne peuvent être d'une application *absolue*, et que, suivant les circonstances, elles sont sujettes à bien des modifications.

337. Cependant il ne suffit pas, pour chanter, d'avoir une belle voix et de connaître les règles de la respiration; il faut mieux que cela. Avant tout, il faut savoir *poser sa voix*, c'est-à-dire faire accorder les mouvements de la respiration avec l'émission du son, en donnant à celui-ci toute la puissance dont il est susceptible, ce que les anciens maîtres désignaient par *filar il tuono*. Autrefois, quand il existait de bonnes écoles de chant en Italie, on consacrait plusieurs années à cet exercice. Il n'en est plus ainsi, on va plus vite maintenant. Pour donner une idée du soin que les maîtres et les élèves apportaient jadis à l'étude de la *messa di voce*, nous empruntons à M. Fétis l'anecdote suivante :

« *Porpora*, l'un des plus illustres maîtres de l'Italie, avait pris en amitié un jeune homme, son élève. Après lui avoir demandé s'il se sentait le courage de suivre constamment la route qu'il allait lui tracer, Porpora, sur sa réponse affirmative, note sur une feuille de papier de musique les gammes diatoniques et chromatiques, ascendantes et descendantes, les sauts de tierce, de quarte, etc., pour apprendre à franchir les intervalles et à porter le son; des *trilles*, des *gruppetti*, etc., et des traits de vocalisation de toute espèce.

» Cette feuille occupa pendant un an le maître et l'élève; l'année suivante y est encore consacrée; une troisième, une quatrième année s'écoulent; l'élève commence à perdre patience; mais le maître lui rappelle sa promesse. La cinquième année se passe encore, et toujours l'éternelle feuille. Enfin, à la sixième, on ne la quitte pas encore, mais Porpora y joint des leçons d'articulation, de prononciation et de déclamation. Le malheureux élève, qui croyait n'en être encore qu'aux éléments, fut bien surpris quand, à la fin de cette sixième année, le maître lui dit : *Va, mon fils, tu n'as plus rien à apprendre; tu es le premier chanteur de l'Italie et du monde.* Il disait vrai; car ce chanteur était *Caffarelli.* »

CHAPITRE VINGT-HUITIÈME.

Des Clefs et de leur rapport avec les Voix. — Du Diapason.

338. La diversité des voix a donné naissance à l'usage des différentes clefs. En effet, nous avons vu, au chapitre de l'Origine des clefs, que *Guido d'Arezzo*, pour écrire tous les sons du diapason général des voix, se servit d'une portée de onze lignes, appelée *portée générale* ou *clavier vocal*. Pour indiquer la région que chacune des trois grandes divisions de la voix humaine, le *grave*, le *médium* et l'*aigu*, occupait sur la portée générale, celle-ci était armée des trois lettres F, C et G, d'où nos clefs actuelles tirent leur nom, leur forme et leur usage (198).

339. Ce n'est point d'une manière arbitraire que ces lettres furent mises sur la portée par le Bénédictin de Pomposa. A partir du moment où il utilisa les interlignes, il plaça le *Gamma* (sol), son le plus grave de son système, sur la première ligne; de sorte que la *quatrième* ligne a reçu le son FA avec la lettre F, la *sixième* le son UT avec la lettre C, et, enfin, la *huitième* le son SOL avec la lettre G. De là le tableau suivant :

Portée générale :

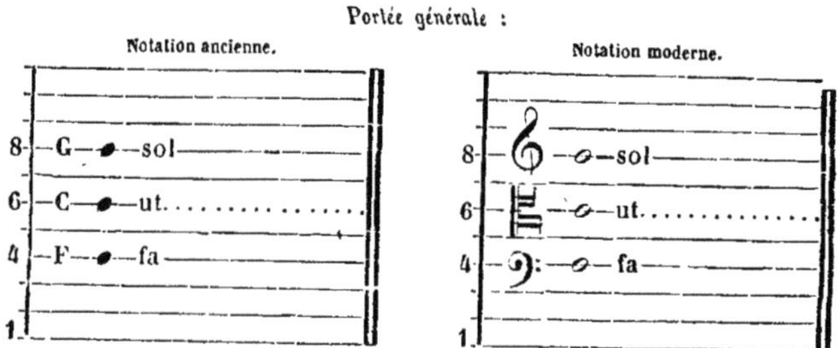

340. Mais on conçoit combien cette portée de onze lignes présentait de difficultés pour la lecture rapide des notes. D'ailleurs, chaque voix ne parcourant environ qu'une étendue de onze à douze notes, et cette étendue pouvant s'écrire sur cinq lignes, il restait constamment six lignes *inoccupées*, qui ne servaient qu'à embarrasser l'œil du lecteur. On eut alors l'idée d'abandonner les lignes surabondantes et de n'employer que *cinq* lignes prises dans

la portée générale, à l'endroit qui convient au diapason, c'est-à-dire à la région de sons de la voix pour laquelle on écrit. C'est de ce moment que date la portée de *cinq* lignes dont on se sert encore aujourd'hui.

Ainsi, si l'on veut écrire pour une voix grave d'homme, il faut prendre les cinq lignes inférieures de la portée générale, ce qui donne une portée particulière ayant la *clef de fa* sur la quatrième ligne. *Ex.* : 4

Si, au contraire, on veut écrire pour une voix aiguë de femme, il faut prendre les cinq lignes supérieures de la portée générale, ce qui donne une portée particulière ayant la *clef de sol* sur la deuxième ligne. *Ex.* : 2

Remarquons, en passant, que ces deux portées particulières sont précisément celles dont nous nous sommes servis jusqu'à présent, et que la première occupe l'extrémité inférieure de la portée générale, et la seconde l'extrémité supérieure.

Maintenant, si l'on veut écrire pour une des voix intermédiaires qui se trouvent entre les voix graves des hommes et les voix aiguës des femmes, il faut prendre *cinq* des lignes du milieu de la portée générale, ce qui donne une portée particulière ayant la *clef d'ut* soit sur la *première* ligne, soit sur la *deuxième*, soit sur la *troisième*, soit enfin sur la *quatrième*, ainsi qu'on le voit ci-après :

341. Pour mieux faire comprendre la théorie et l'usage des clefs, rappelons ici qu'à partir de la plus grave, toutes les voix se suivent de *tierce* en *tierce* en montant (327), et appliquons à chacune d'elles la position qu'elle occupe dans la portée générale.

TABLEAU DU RAPPORT DES CLEFS AVEC LES VOIX.

342. Ce tableau nous montre :

1° Que la clef de FA correspond aux sons *graves* de l'étendue générale des voix, la clef d'UT aux sons du *médium*, et la clef de SOL aux sons aigus;

2° Que ces trois clefs peuvent, en apparence, occuper *sept* positions différentes, suivant le diapason de la voix qu'elles représentent, quoique chacune d'elles ne quitte jamais sa position *fixe* sur la portée générale.

D'où il résulte que, plus la clef est placée *bas* dans la portée particulière, plus les sons sont aigus, et plus elle est placée *haut*, plus les sons sont graves.

343. Tel est le rapport des clefs avec les voix humaines; tel est aussi leur emploi, si l'on veut écrire les notes du chant à leurs véritables places, de manière à ce qu'elles correspondent aux sons *fixes* du piano. Mais aujourd'hui l'usage des clefs n'est plus ce qu'il a été. Ayant remarqué que les portées des deux voix extrêmes, c'est-à-dire la portée supérieure avec la *clef de sol* et la portée inférieure avec la *clef de fa*, ne sont séparées que par la sixième ligne avec la *clef d'ut*, et qu'elles contiennent à elles deux *dix lignes* de la portée générale, on a eu l'idée, pour simplifier l'étude des clefs, d'écrire les *voix de basse* avec la clef de FA, et toutes les autres avec la clef de SOL, laissant ainsi à la nature le soin d'opérer la différence d'octaves.

344. Cependant on se tromperait fort si, d'après ce qui précède, on croyait que la portée de Guido ait entièrement disparu; il lui était donné de se perpétuer jusqu'à nos jours. En effet, on la rencontre dans tous les morceaux de piano, d'orgue et de harpe, où la sixième ligne est remplacée par la petite ligne supplémentaire de l'UT *grave* de la clef de SOL et de l'UT *aigu* de la clef de FA.

345. Nous avons vu que la gamme est un air invariable (238); mais que la tonique peut représenter le premier son venu. Dès lors on conçoit facilement que, la nature ne donnant pas de son *absolu*, pas plus qu'une durée absolue, il a fallu adopter un *son-unité*, qui puisse servir de terme de comparaison à tous les autres. A cet effet, on a créé un petit instrument appelé *diapason* en français, et *corista* en italien, formé d'une tige d'acier courbée en forme de pincettes, dont les branches, mises en vibration, rendent un son que l'on est convenu d'appeler LA. C'est sur ce son qu'on accorde tous les instruments et que le chanteur règle sa voix pour prendre la tonique à la hauteur indiquée par le compositeur. Le diapason n'est pas identiquement le même dans tous les pays; il a même subi diverses modifications dans le même lieu; mais aujourd'hui il est généralement uniforme. En Italie, le diapason sonne l'UT au lieu du LA.

LA SAGESSE,

CHŒUR ARRANGÉ A TROIS VOIX ÉGALES.

PRIÈRE

ARRANGÉE A TROIS VOIX ÉGALES.

Musique de BOIELDIEU.

LE SOMMEIL,

CHŒUR A TROIS VOIX ÉGALES.

sé- e De trouble et de crain- te ca- f ché- e;
sé- e De trouble et de crain- te ca- f ché- e;
sé- e De trouble et de crain- te ca- f ché- e;
p Car au fond de nos cœurs tou- jours U- ne voix nous dit tous les jours: Dor- mez, en-
p Car au fond de nos cœurs tou- jours U- ne voix nous dit tous les jours: Dor- mez, en-
p Car au fond de nos cœurs tou- jours U- ne voix nous dit tous les jours: Dor- mez, enfants, chè- res a- mours, p Dor- mez! f dor- mez! p Dieu près de vous veil- le tou-
fants, chè- res a- mours, p Dor- mez! f Dor- mez! p Dieu près de vous veil- le tou-
fants, chè- res a- mours, p Dor- mez! f dor- mez! p Dieu près de vous veil- le toujours; p Dor- mez! f dor- mez! p Dieu près de vous veil- le tou- jours.
jours; p Dor- mez! f dor- mez! p Dieu près de vous veil- le tou- jours.
jours; p Dor- mez! f dor- mez! p Dieu près de vous veil- le tou jours.

ENTRÉE EN CLASSE.

MARCHE A 3 VOIX ÉGALES.

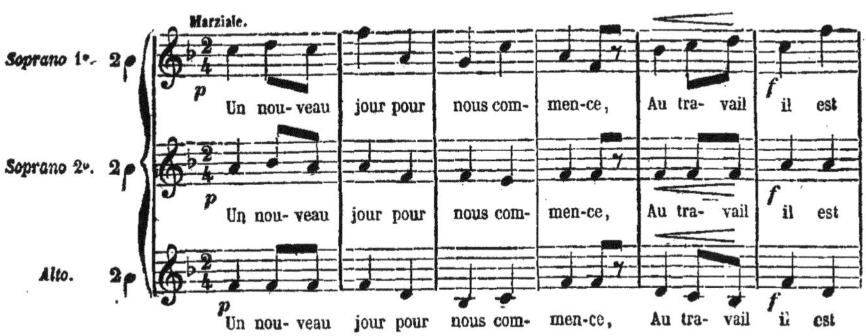

p
len- ce, si- len- ce, Vite à nos bancs, fai- sons si- len- ce,
p
len- ce, si- len- ce, Vite à nos bancs, fai- sons si- len- ce,
p
len- ce, si- len- ce, Vite à nos bancs, fai- sons si- len- ce,
f p f
L'heu-re de l'é- tude a son- né, a son- né, l'heure a son- né, l'heure a son- né.
f p f
L'heu-re de l'é- tude a son- né, a son- né, l'heure a son- né, l'heure a son- né.
f p f
L'heu-re de l'é- tude a son- né, a son- né, l'heure a son- né, l'heure a son- né.
Fragment de l'air de Joseph.
Andante.
MÉHUL.
Champs pa- ter- nels, Hé- bron, dou- ce val- lé- e, Loin de vous a lan-
gui ma jeu- nesse e- xi- lé- e, Comme au vent du dé- sert se flé- trit u- ne
FIN.
fleur, Comme au vent du dé- sert se flé- trit u- ne fleur. O mon père, ô Ja-
cob, dans u- ne pure i- vres- se, Tu m'ap- pe- lais ton fils, l'ap-
pui de ta vieil- les-se, Et sans moi tu vieil- lis en pleu- rant mon mal-
heur, Et sans moi tu vieil- lis en pleu- rant mon mal- heur.
D. C. al

VIERGE DES CIEUX,

PRIÈRE

A TROIS VOIX ÉGALES.

PAROLES ET MUSIQUE DE **A. VIALON.**

Nota.—Ce chœur, qui, sous la direction de l'auteur de cette méthode, a valu aux *Enfants de l'Ecole de chant de Dijon* le premier prix au Concours d'orphéons de cette ville, se vend séparément chez VIALON, passage Colbert, Paris. Prix: 20 c.

* Les virgules placées au-dessus des portées indiquent les respirations.

Fais bril- ler, quand vient l'heure De l'o- rai- son du
Fais bril- ler, quand vient l'heure De l'o- rai- son du
Fais bril- ler, quand vient l'heure De l'o- rai- son du
soir, Sur l'or- phe- lin qui pleu- re Dans sa pau-vre de- meu- re;
soir, Sur l'or- phe- lin qui pleu- re Dans sa pau-vre de- meu- re,
soir, Sur l'or- phe- lin qui pleu- re Dans sa pau-vre de- meu- re,
Cres. . . . . . cen. . . . .
Fais bril- ler, quand vient l'heu- re, Un doux ray- on d'es- poir,
Cres. . . . . cen. . . . . .
Fais bril- ler, quand vient l'heu- re, Un doux ray- on d'es- poir,
Cres. . . . . cen. . . . . . .
Fais bril- ler, quand vient l'heu- re, Un doux ray- on d'es- poir,
Un doux ray- on d'es- poir. Sur l'âme ai-
Un doux ray- on d'es- poir. Sur l'âme ai-
Un doux ray- on d'es- poir.

mante et neu- ve Qui brû- le sans re- tour, Com-me sur l'â- me
mante et neu- ve Qui brû- le sans re- tour, Com-me sur l'â- me
p
Sur l'âme ai-mante et neu- ve Qui brû- le sans re- tour, Comme sur l'â-me
veu- ve, l'â-me veu- ve, Que le mé- pris a-
Espress.
veu- ve, l'â- me veu- ve, Que le mé- pris a-
veu- ve, l'â-me veu- ve, Que le mé- pris a-
p
Dolce.
breu- ve, Que le mé- pris a- breu- ve, Jette un ray-
ff
breu- ve, Que le mé- pris a- breu- ve, Jette
breu- ve, Que le mé- pris a- breu- ve, Jette
ff
on d'a- mour, un ray- on d'a- mour. Jette au
un ray- on d'a- mour, un ray- on d'a- mour. Jette au
un ray- on d'a- mour, un ray- on d'a- mour. Jette au

cœur plein d'a- lar- mes Que bri- se la dou-
cœur plein d'a- lar- mes Que bri- se la dou-
cœur plein d'a- lar- mes que bri- se la dou-
leur, Et qui n'a d'au- tres ar- mes Contre el- le que ses lar- mes,
leur, Et qui n'a d'au- tres ar- mes Contre el- le que ses lar- mes,
leur, Et qui n'a d'au- tres ar- mes Contre el- le que ses lar- mes,
Cres.......cen........
Jette au cœur plein d'a- lar- mes Un ray- on de bon- heur,
Cres..........cen......
Jette au cœur plein d'a- lar- mes Un ray- on de bon- heur,
Cres........cen........
Jette au cœur plein d'a- lar- mes Un ray- on de bonheur,
Un ray- on de bon- heur. Fais luire, ô
Un ray- on de bon- heur. Fais luire, ô
Un ray- on de bon- heur.
D.C.
D.C.
D C.

APPENDICE.

ABRÉGÉ DE LA THÉORIE DU PLAIN-CHANT

A L'USAGE

DES JEUNES PRÊTRES, DES INSTITUTEURS ET DES CHANTRES.

22

APPENDICE.

ABRÉGÉ DE LA THÉORIE DU PLAIN-CHANT (1).

§ I.

De la Notation du Plain-Chant.

1. Le chant de l'Eglise catholique, apostolique et romaine, se nomme *plain-chant,* du latin *cantus planus*, chant uni, ou *chant qui plane* dans l'espace du temple. Il tire son origine, à ce qu'il paraît, de l'ancienne musique grecque.

2. Les sons du plain-chant, comme ceux de toute espèce de musique, sont représentés par des signes appelés *notes*.

3. Les notes du plain-chant, dont les formes diffèrent de celles de la musique, sont de trois sortes, savoir : la *longue* ▪, la *brève* ▪, et la *semi-brève* ♦.

4. Ces notes s'écrivent sur une portée de *quatre* lignes seulement, parce que l'étendue d'une mélodie de plain-chant ne dépasse guère huit ou neuf notes.

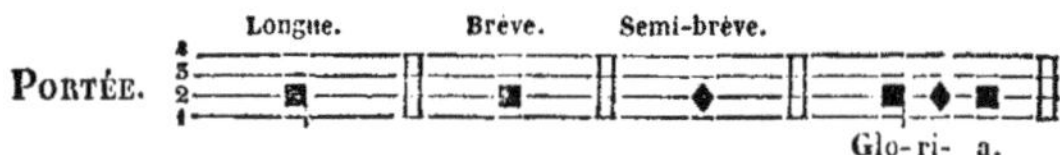

5. On dit généralement que la *longue* ▪ vaut deux brèves, et la *brève* ▪ deux semi-brèves; mais le goût et la pratique ne tarderont pas à nous faire constater de nombreuses infractions à cette règle.

6. *Règle générale,* la *longue* est toujours employée devant la *semi-brève,* ainsi qu'on le voit ci-dessus dans le mot *gloria.* Dans ce cas, la longue représente l'effet d'une note pointée de notre musique actuelle, comme 𝅗𝅥. ♩ 𝅗𝅥

7. Deux ou plusieurs brèves (▪▪) sur le même degré signifient que le son en doit être prolongé sans interruption sur la même syllabe pendant toute la durée qu'elles représentent, de manière à ne former qu'une seule émission de voix. C'est ce qu'on appelle *prolation.*

8. Dans le plain-chant, on marque la séparation des mots par une *demi-barre* ‡; la *grande barre* | indique à la fois la séparation des mots, la fin des vers dans les hymnes et les proses, et un repos du chant; enfin la *double barre* ‖ marque le partage ou la fin du chant.

9. On appelle *guidon* ▪ une petite note à queue placée à la fin des portées ou avant les changements de clefs pour annoncer la note suivante.

10. Les notes du plain-chant, comme celles de la musique, portent les noms : *ut, ré, mi, fa, sol, la, si, ut.*

---

(1) Nous devons nous borner au simple exposé de la théorie du plain-chant, en renvoyant, pour la pratique, aux livres spéciaux, tels que *Graduels*, *Antiphonaires*, et autres *livres d'offices notés.*

Nota. — *Cet ouvrage se vend séparément chez l'Auteur et chez tous les libraires et marchands de musique de la province. Prix net :* 50 *centimes.*

§ II.

Des Clefs.

11. De même qu'en musique, le nom des notes du plain-chant dépend de leur position sur la portée et de la clef dont celle-ci est armée.

12. Il est d'usage de déterminer la position des notes *ut* ou *fa*, en plaçant au commencement de la portée, soit la *clef d'ut*, soit la *clef de fa*.

a. La clef d'*Ut*, qui se place sur la *seconde*, la *troisième* et la *quatrième* ligne, rarement sur la *première*, fait connaître que la note *ut* est sur l'une ou l'autre de ces lignes.

b. La clef de *Fa*, qui se place seulement sur la *seconde* et la *troisième* ligne, indique que la note *fa* se trouve sur l'une ou l'autre de ces lignes. *Ex.* :

13. La position de l'*ut* ou du *fa* étant déterminée, on trouve facilement les autres notes d'après ce point de départ.

Nota. — Pour s'exercer à lire le plain-chant sur toutes les clefs, il faut suivre les procédés que nous avons indiqués page 97 de notre *Cours de musique vocale* pour l'étude de la clef de *fa*. A cet effet, nous allons donner ci-après quelques exercices de lecture sur les différentes clefs.

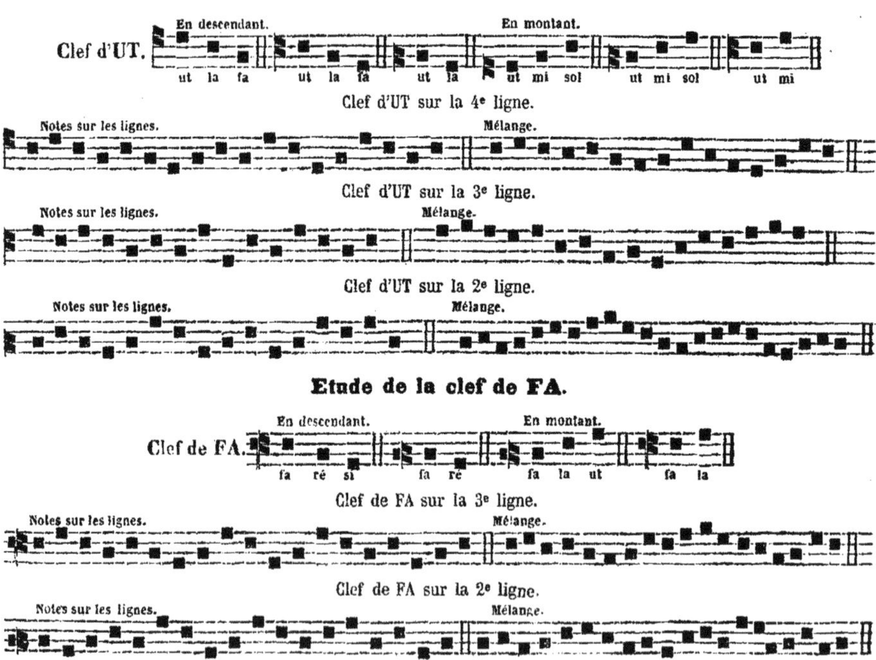

§ III.

Des Rapports des Sons, et de leurs Intonations.

14. Les sons représentés par les notes du plain-chant forment, par la différence de leurs intonations, des intervalles que l'on désigne, comme en musique, par les noms numériques de *seconde*, *tierce*, *quarte*, *quinte*, etc. (1).

15. Une suite de *huit* sons qui montent ou descendent par intervalles de secondes, depuis une note donnée jusqu'à son octave, s'appelle *gamme* ou *échelle diatonique*.

16. Comme en musique, tous les intervalles de secondes d'une même gamme ne sont pas égaux entre eux; car il y en a deux qui ne sont que la moitié des autres. Les plus grands se nomment *tons*, et les deux plus petits, *demi-tons*.

17. Dans le plain-chant, ainsi que nous le verrons tout à l'heure, les demi-tons se trouvent presque toujours entre *mi* et *fa*, et entre *si* et *ut*, quelle que soit l'échelle employée.

18. Cependant il arrive quelquefois que, pour éviter la fausse relation de *triton* (2) entre *fa* et *si*, l'on abaisse le *si* d'un demi-ton au moyen du *bémol* ♭.

19. On rencontre également des morceaux de plain-chant qui, par suite de la relation continuelle de *fa* et *si*, exigent toujours l'emploi du ♭ devant le *si*. Dans ce cas, on porte le *bémol* une fois pour toutes à la clef, d'où son effet s'étend sur toute la portée.

20. *L'intonation des notes* du plain-chant est, comme en musique, le son propre qui convient à chacune d'elles, en raison d'un *son donné*, ou d'un *son-modèle* fourni par l'orgue ou par l'ophicléide du chœur.

21. Pour acquérir la connaissance parfaite de ces intonations, il suffit de pratiquer avec persévérance les exercices d'intonation que nous avons donnés aux chapitres III et IX de notre *Cours de Musique vocale*.

22. Comme application des études préliminaires de lecture sur toutes les clefs et de solmisation préparatoire, que nous supposons faites convenablement, nous allons donner un exercice résumé de toutes les connaissances acquises jusqu'à présent.

Solféges pour les changements de clefs.

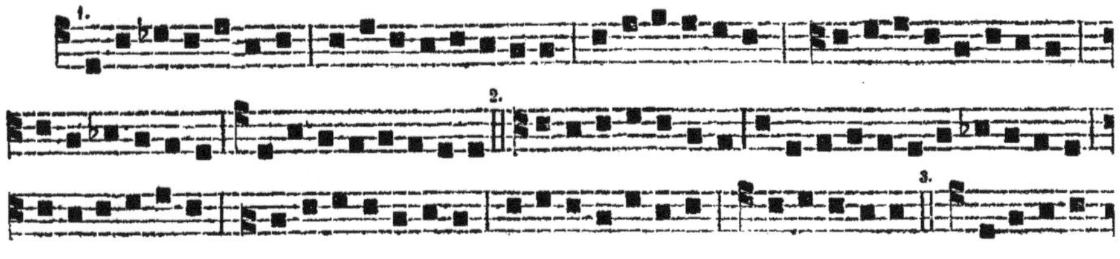

---

(1) Voyez les chapitres II et IX de notre Méthode de musique vocale.

(2) Voyez la signification de ce mot, même ouvrage, chapitre XXI, 262.

§ IV.

Nature et Origine des Tons ou Modes du Plain-Chant.

23. Nous avons vu (*Cours de Musique vocale*, 207-220) que la similitude du placement des demi-tons dans les diverses gammes d'un même mode de notre musique actuelle est le principe de la *tonalité moderne*. Il n'en est pas de même dans le plain-chant, qui dérive de l'ancienne *tonalité grecque*, dans laquelle la diversité dans le placement des demi-tons faisait toute la différence des gammes ou *échelles diatoniques*. En effet, il n'y avait en réalité qu'une seule gamme dans le système des Grecs; mais suivant qu'elle commençait par un degré différent, c'est-à-dire qu'elle était renfermée dans les limites de l'octave d'*ut* à *ut*, ou de *ré* à *ré*, ou de *mi* à *mi*, etc., les demi-tons *mi-fa* et *si-ut* occupaient des positions différentes par rapport à la note initiale, ce qui présentait la gamme sous autant d'aspects différents. Tel était le principe de la formation du système général de la musique des Grecs.

24. Par suite de ces dispositions diverses dans le placement des deux demi-tons, chacune des échelles résultantes de la différence du point de départ avait un caractère particulier que les Grecs désignèrent sous le nom de *ton* ou *mode*. Leur chant ayant dans chaque gamme une note qui en était le point d'appui, de terminaison, et une autre qui s'alliait le plus naturellement et le plus fréquemment aux diverses formes mélodiques, ils appelèrent *finale* la première de ces notes, et *dominante* l'autre. Un *mode* ou ton quelconque se trouva dès lors caractérisé par les *limites* de la gamme, par la *finale*, et par la *dominante*.

25. D'après ce que nous venons de dire, il semblerait qu'il ne devait y avoir que sept modes dans le système des Grecs, puisqu'il n'y a que sept notes dans la gamme; mais, ayant remarqué que les formes les plus fréquentes des mélodies sont renfermées dans l'espace d'une *quinte* ou d'une *quarte*, les premiers auteurs divisèrent chaque échelle ou octave en une quinte et une quarte, plaçant la quarte *au-dessus* (ex. *a*) ou *au-dessous* (ex. *b*) de la quinte, suivant les tendances du chant vers les sons aigus ou vers les sons graves, de cette manière :

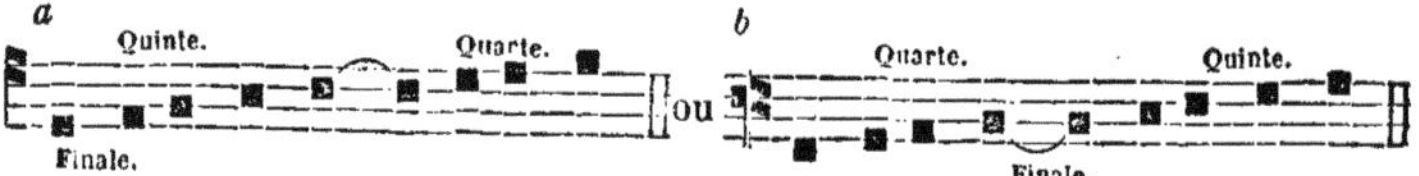

Au moyen de cette opération, chacun des sept modes originaux en produisit un autre supplémentaire, dénommé d'après le mode d'où il dérivait, en plaçant devant le nom de celui-ci la préposition *hypo* (au-dessous). En conséquence, le nombre des modifications des modes contenus dans le système des Grecs s'élevait à quatorze; car l'échelle qui commence par *la*, et qui a sa finale sur cette note, n'est pas la même que celle qui commence par *la* et a sa finale sur *ré*, comme dans l'exemple *b*.

26. Nous n'avons pas à nous occuper ici des différentes transformations que les modes grecs ont subies dans les divers âges; nous nous bornerons à faire remarquer qu'au commencement de l'ère chrétienne, c'est-à-dire à l'époque où le célèbre astronome Ptolémée écrivait sur le système de la

musique des Grecs, les modes suivants, où les demi-tons sont marqués par ce signe ⌒, étaient plus ou moins populaires, savoir :

1° Le DORIEN : *ré, mi, fa, sol, la, si, ut, ré.*
2° Le PHRYGIEN : *mi, fa, sol, la, si, ut, ré, mi.*
3° Le LYDIEN : *fa, sol, la, si, ut, ré, mi, fa.*
4° Le MIXO-LYDIEN : *sol, la, si, ut, ré, mi, fa, sol.*
5° L'ÉOLIEN : *la, si, ut, ré, mi, fa, sol, la.*
6° L'IONIEN : *ut, ré, mi, fa, sol, la, si, ut.*

27. Or, lorsque les chrétiens commencèrent à jouir d'un peu de tranquillité et à chanter en public les louanges du Seigneur, songeant à régler le chant de leurs hymnes, ils adoptèrent le système des Grecs, en l'appropriant à l'usage de l'Eglise. Saint Ambroise, archevêque de Milan, qui le premier donna une constitution au chant ecclésiastique, choisit pour le culte divin les quatre premiers des modes ci-dessus, et qui ont pour finales les notes *ré, mi, fa* et *sol.* Ces quatre modes, que l'on pratiqua dans cette forme jusqu'au temps de S. Grégoire, furent appelés *authentiques,* à cause de la haute approbation qu'ils reçurent ainsi de S. Ambroise. Plus tard, vers la fin du VIe siècle, le pape *Grégoire le Grand,* qui avait des connaissances universelles, et entre autres celle de la musique, entreprit une nouvelle réforme du chant ecclésiastique, et lui donna une constitution fixe et définitive, en enseignant à ses chœurs à traiter les modes authentiques à la manière des Grecs. Appliquant au système ambrosien l'opération de la quarte en dessous de la quinte, il en tira quatre autres modes dépendant des premiers, et qui furent appelés *plagaux* ou *collatéraux.* De là est résulté que les quatre modes primitifs ont présenté huit formes différentes, correspondant aux anciens modes grecs suivants :

1° Le DORIEN : *ré, mi, fa, sol, la, si, ut, ré,* appelé GRAVIS.
2° L'HYPODORIEN : *la, si, ut, ré, mi, fa, sol, la,* — TRISTIS.

3° Le PHRYGIEN : *mi, fa, sol, la, si, ut, ré, mi,* — MYSTICUS.
4° L'HYPO-PHRYGIEN : *si, ut, ré, mi, fa, sol, la, si,* — HARMONICUS.

5° Le LYDIEN : *fa, sol, la, si, ut, ré, mi, fa,* — LÆTUS.
6° L'HYPO-LYDIEN : *ut, ré, mi, fa, sol, la, si, ut,* — DEVOTUS.

7° Le MIXO-LYDIEN : *sol, la, si, ut, ré, mi, fa, sol,* — ANGELICUS.
8° L'HYPO-MIXO-LYDIEN : *ré, mi, fa, sol, la, si, ut, ré,* — PERFECTUS.

28. Telle est l'origine des huit formules qu'on appelle les *huit tons* de l'Eglise ou du *plain-chant,* et qui, bien qu'elles ne soient basées que sur quatre échelles différentes, sont également traitées comme huit modes bien distincts.

29. A chaque mode *authentique* correspond un mode ou ton *plagal*, ayant la même finale, mais non la même dominante.

30. Dans les quatre tons authentiques, la *première* note de l'échelle est aussi la note de terminaison ou la *finale*; dans les tons plagaux, au contraire, la *finale* se trouve toujours à la *quatrième* note de l'échelle.

31. La *dominante* des tons authentiques est, comme en musique, à une *quinte au-dessus* de la finale, excepté lorsque cette dominante serait le *si,* comme dans le troisième ton : dans ce cas, c'est la sixième *ut* qui est la dominante.

Dans les tons plagaux, la *dominante* se trouve toujours à la *tierce inférieure* de la dominante de son authentique, excepté lorsque cette tierce serait le *si*, comme dans le huitième ton : dans ce cas, c'est la note supérieure *ut* qui est la dominante.

32. Dans la classification des tons du plain-chant, comme chaque ton authentique est suivi de son plagal, on trouve, suivant leur ordre naturel, les quatre tons *authentiques* sur les chiffres impairs 1, 3, 5, 7, et les quatre *plagaux* sur les chiffres pairs 2, 4, 6, 8. Voilà pourquoi on désigne aussi les tons authentiques sous le nom de *tons impairs*, et les plagaux sous le nom de *tons pairs*.

33. Voici, avec la position ordinaire de leurs clefs, les gammes ou échelles des huit tons du plain-chant, dans lesquelles les longues désignent la finale F, la semi-brève la dominante D, et les notes liées les demi-tons.

ÉCHELLES DES HUIT TONS DU PLAIN-CHANT.

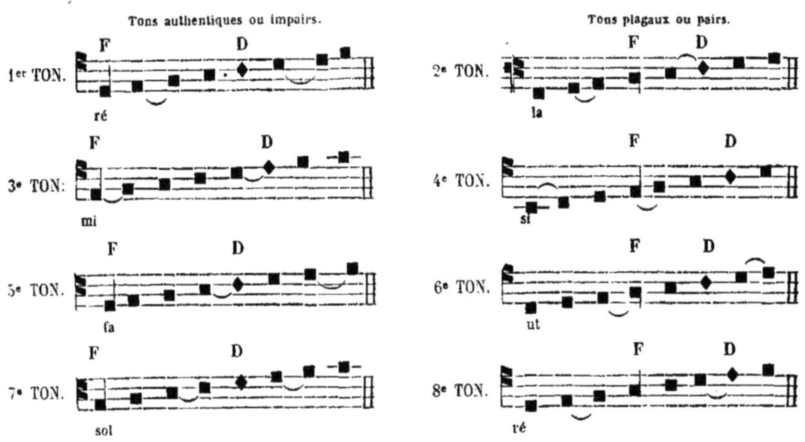

34. Ce tableau nous montre :

1° Que le placement des demi-tons dans un mode authentique et dans son plagal correspondant est identique, en sorte que ces deux modes représentent une même échelle; ils ne diffèrent que par le placement de la quarte au grave ou à l'aigu, la quinte restant entre les mêmes notes ;

2° Que l'échelle du huitième ton est composée des mêmes notes que celle du premier ton; mais, par suite de la différence entre leurs finales et leurs dominantes, ces deux gammes ont un caractère absolument différent;

3° Que la note
- LA est la *dominante* du 1er, 4e et 6e ton.
- UT . . . . 3e, 5e et 8e ton.
- FA. . . . . 2e ton.
- RÉ. . . . . 7e ton.

35. Les tons des morceaux de plain-chant se distinguent : 1° en *réguliers* et *irréguliers*, ou *parfaits* et *imparfaits ;* 2° en *surabondants* et *mixtes*.

1° Le ton est *régulier* lorsque la mélodie atteint les limites naturelles de l'échelle de ce ton; il est *irrégulier*, au contraire, lorsque le chant n'atteint pas ces limites.

2° Le ton est *surabondant*, lorsque la mélodie dépasse les bornes de l'échelle de ce ton, c'est-à-dire l'étendue d'une octave ou d'une neuvième, soit au grave, soit à l'aigu; il est *mixte* ou *connexe*, lorsque le chant s'étend en partie sur le ton authentique, et en partie sur son plagal correspondant. Le *Dies iræ*, par exemple, est un chant mixte du premier et du deuxième ton.

§ V.

Comment on reconnaît le Ton d'un morceau de Plain-Chant.

36. D'après tout ce qui vient d'être dit, il est facile de reconnaître le ton d'un morceau de plain-chant. Il suffit pour cela de chercher la *finale*, qui se trouve toujours à la dernière note (car la première n'indique rien), et de se rappeler que dans les *tons authentiques* le chant monte de huit à neuf notes au-dessus de la finale, tandis que dans les *tons plagaux* il ne monte que de cinq à six notes, mais descend de quatre à cinq notes au-dessous de la finale.

Ainsi, lorsque la finale d'un morceau est FA, il est évident que ce morceau ne peut être que du 5e ton ou de son plagal le 6e ton. Il est du 5e ton, si le chant monte à la septième ou à la huitième au-dessus de la finale, et du 6e ton, si le chant descend à la troisième ou à la quatrième au-dessous de la finale.

37. Par la connaissance de la *finale* et de la dominante, on peut non-seulement connaître le ton d'un morceau de plain-chant, mais encore distinguer sa qualité de *régulier* ou *irrégulier*, de *surabondant* ou *mixte*.

38. Le ton d'un morceau de plain-chant est ordinairement indiqué par un chiffre placé au commencement ou à la fin du morceau. Ainsi les indications de *Ant. du* 1, *Hymne du* 5, etc., veulent dire : *Antienne du* 1er *ton*, *Hymne du* 5e *ton*, etc.

§ VI.

Des Tons transposés.

39. On rencontre quelquefois des morceaux de plain-chant qui ne sont pas écrits dans l'échelle propre à leur tonalité : ce sont des tons transposés, qui diffèrent de leurs tons originaux par la position de leurs demi-tons et par la clef.

40. Les tons transposés sont : le 1er et le 2e, qui s'écrivent quelquefois dans l'échelle de LA au lieu de celle de RÉ ; et le 5e et le 6e, qui s'écrivent quelquefois dans l'échelle d'UT au lieu de celle de FA. On ne peut nier que ces transpositions ne sont pas exactes par rapport au caractère propre à chaque échelle ou tonalité primitive.

41. De là vient que chacun de ces quatre tons a deux échelles différentes : son échelle propre et son échelle transposée. En voici la raison. Outre les huit modes que nous avons exposés au § IV, les anciens en comptaient quatre autres, deux authentiques et deux plagaux, ayant pour finales les notes *la* et *ut*, et formant les 9e, 10e, 11e et 12e tons. Mais les modernes, ayant remarqué que les 9e et 10e tons, ayant pour finale *la*, étaient semblables aux 1er et 2e dans l'échelle de *ré* avec *si* ♭, et que les 11e et 12e, ayant pour finale *ut*, étaient aussi semblables aux 5e et 6e dans l'échelle de *fa* avec *si* ♭, réduisirent à huit les douze modes anciens ; mais les 1er, 2e, 5e et 6e tons eurent chacun les deux gammes mentionnées plus haut.

42. Lorsque le *premier ton* est transposé dans l'échelle de LA, c'est la note *la* qui est la finale, et la note *mi* la dominante. Or, ces deux notes ne remplissant les mêmes fonctions dans aucun des huit tons du plain-chant, la transposition du premier ton est facile à reconnaître.

43. Lorsque le *second ton* est transposé dans l'échelle de LA avec la quarte en dessous, il a pour finale *la*, et pour dominante *ut*. Or, ces deux notes ne remplissant les mêmes fonctions dans aucun des huit tons, le second ton transposé ne peut être confondu avec d'autres.

44. Lorsque le *cinquième ton* est transposé dans l'échelle d'UT, il a pour finale *ut*, et pour dominante *sol*. Ces deux notes, qui ne remplissent ces fonctions dans aucun des huit tons, le feront facilement distinguer des tons non transposés.

45. Lorsque le *sixième ton* est transposé dans l'échelle d'UT avec la quarte en dessous, *ut* est la

finale, et *mi* la dominante. Or ces deux notes, ne remplissant les mêmes fonctions dans l'échelle propre d'aucun des huit tons, feront toujours reconnaître la transposition.

46. Quelquefois on rencontre aussi le *quatrième ton* transposé dans l'échelle de LA avec la quarte en dessous, au lieu de celle de *mi*, ayant pour finale *la*, et pour dominante *ré*. Dans ce cas, pour obtenir le demi-ton caractéristique entre la finale et le degré supérieur, on est obligé de mettre un *si* ♭ à la clef. Ce bémol le fait distinguer des premier et second tons, qui, transposés dans la même échelle, demandent toujours *si* ♮.

§ VII.

Des Règles de la Psalmodie.

47. La *Psalmodie* est le chant des psaumes et des cantiques évangéliques en usage dans l'Eglise catholique.

48. Chaque psaume ou cantique est divisé en *versets*, et chaque verset en deux parties séparées par un *astérisque* dans le texte, ou une *double-barre* dans la notation.

49. Le même chant se répète sur tous les versets d'un même psaume ou cantique, et chaque psaume ou cantique se termine généralement par le verset *Gloria Patri*, etc.

50. Dans chaque mélodie des psaumes ou des cantiques on distingue trois parties principales, savoir : l'*intonation*, la *médiation*, et la *terminaison*. L'ensemble de ces trois parties constitue ce qu'on appelle *psalmodie* ou *modulation* des psaumes et des cantiques.

A. L'*intonation* est la manière de commencer un psaume ou un cantique. Chaque ton a une ou plusieurs intonations particulières, dont voici les plus usitées dans le rit romain :

PRINCIPALES INTONATIONS DES HUIT TONS DU PLAIN-CHANT.

51. On ne chante l'intonation qu'au premier verset de chaque psaume, les autres versets commençant de suite sur la dominante ou *note chorale*.

52. L'intonation est *simple* quand elle commence de suite par la dominante, et *solennelle* lorsqu'elle commence comme ci-dessus.

53. L'intonation est dite *liée*, lorsque la seconde note est liée à la troisième, c'est-à-dire que ces deux notes se chantent sur la même syllabe, comme dans les 1er, 3e, 4e tons, etc.; elle est *non liée*, lorsque la seconde note est détachée de la troisième, c'est-à-dire qu'elle n'a qu'une note sur chaque syllabe, comme dans les 2e, 5e et 8e tons. Il faut remarquer que, si la seconde syllabe est *brève*, comme dans *credidi*, elle ne compte pas dans l'intonation *liée*, tandis qu'elle compte dans l'intonation *non liée*.

B. La *médiation* est la manière de terminer la première partie du verset; elle se fait ordinairement par une élévation d'un ou deux degrés au-dessus de la dominante, ou par un abaissement d'un ou deux degrés au-dessous de la dominante, ou enfin par les deux à la fois. Chaque ton a également une ou plusieurs médiations qui lui sont propres; nous donnons ci-contre les plus usitées dans le rit romain.

PRINCIPALES MÉDIATIONS DES HUIT TONS DU PLAIN-CHANT.

54. On doit faire un repos sur la dernière note de la médiation; ce repos, qui est indiqué par l'astérisque du verset, se nomme *médiante,* ainsi que la note sur laquelle on le fait.

55. La médiation est *simple* quand elle continue sur la même note sans sortir de la dominante, comme dans les premier et sixième tons; elle est *demi-composée* quand elle sort de la dominante, et qu'elle ne renferme que deux syllabes longues, comme dans les 2e, 5e et 8e tons; enfin, elle est *composée* quand, sortant de la dominante, elle renferme quatre bonnes syllabes, comme dans le 3e et le 7e ton. (Vérifiez ci-dessus.)

56. Quand la médiante d'un verset se termine par un monosyllabe, ou par un mot indéclinable, soit grec, hébreu ou barbare, on *relève la médiation* d'un degré au-dessus de la dominante dans les 2e, 4e, 5e et 8e tons.

C. La *terminaison,* ou dernière partie de la psalmodie, est la manière de terminer tous les versets d'un psaume ou d'un cantique évangélique. Elle commence toujours par la dominante, et finit généralement par la finale. *Ex.:*

57. Chaque ton a *une* ou *plusieurs* terminaisons propres à sa tonalité, et ces différentes terminaisons sont indiquées, dans le Vespéral, par les notes placées au-dessus des voyelles *e u o u a e* des mots *seculorum, amen,* qui se trouvent après le commencement du psaume de chaque antienne. Les notes de chaque voyelle correspondent à une syllabe longue. *Ex.:*

58. On appelle *teneur* la récitation du texte sur la dominante, qui règne depuis la fin de l'intonation jusqu'à la médiation, et depuis la médiation jusqu'à la terminaison.

59. En psalmodiant, on se règle, pour la mesure, sur la quantité des syllabes; mais la quantité véritable n'est pas toujours celle que l'on suit. Voici, à ce sujet, quelques règles particulières :

1° Mots de trois syllabes. — *On fait* longue *celle des deux premières syllabes qui, dans les livres d'office, est marquée d'un accent aigu, comme dans* stupébant, Dómine, *etc. Dans les mots de* quatre *ou un plus grand nombre de syllabes, on n'a d'égard qu'aux trois dernières pour placer l'accent: ainsi on dit* mulíeres *et* muliéribus.

2° Mots de deux syllabes. — *Dans ces mots la première syllabe est toujours* longue, *comme dans* Déus, vídit, fúgit, *etc.*

3° Monosyllabes, *ou* mots d'une syllabe. — *Ces mots sont de deux espèces, savoir : 1° ceux qui se rapportent au mot précédent, comme* me, te, se, nos, vos, est, sunt, *etc.; 2° ceux qui se rapportent ordinairement aux mots suivants, comme* in, à, ad, ex, qui, tu, *etc. Les premiers, qui sont considérés comme faisant partie du mot précédent, rendent toujours* brève *la syllabe qui les précède immédiatement, comme dans* laudábunt te, sátiat te, timéntibus se, *etc., excepté dans* sálvum fac.

Les seconds sont toujours BREFS, *lorsqu'ils sont joints à un mot de deux syllabes , comme dans* in cáput, qui tímet, *etc., et* LONGS, *lorsqu'ils sont joints à un ou deux monosyllabes, comme dans* in te, ad me, in te est, *etc.*

60. Les autres enseignements relatifs au chant d'église se trouvent dans les livres d'office, qui fournissent à l'élève des exercices nombreux et variés pour se perfectionner dans la pratique du plain-chant.

§ VIII.

De l'Exécution du Plain-Chant.

61. Généralement le plain-chant ne doit pas être chanté au ton du diapason, puisque ce ton serait presque toujours trop haut. Il faut prendre l'intonation de manière à ce que la voix des exécutants puisse facilement monter, sans crier, aux notes les plus élevées du morceau et donner de l'ampleur aux notes graves. Ainsi, dans les tons *impairs*, il faut prendre la finale dans le grave de la voix, et, dans les tons *pairs*, on prend la finale dans le *médium* de la voix, ce qui met le chant à la portée de toutes les voix.

62. En raison de la vaste enceinte d'une église, l'émission de la voix doit se faire d'une manière puissante et soutenue, mais sans crier, en ayant soin de respirer après chaque repos indiqué dans le livre de chant.

63. Nous ne dirons rien de l'émission de la voix ni de la prononciation et de la respiration, ces sujets ayant été traités dans notre *Cours de musique vocale*, que l'on consultera à cet égard. Nous nous bornerons à signaler deux défauts principaux dans lesquels tombent la plupart des chantres :

1° Au lieu de lier entre elles les différentes notes d'une même syllabe, en marquant légèrement celle sur laquelle la syllabe se prononce et en coulant doucement les autres, ils les séparent entièrement en donnant une aspiration à chacune d'elles, comme *ho, ho*, ou *ha , ha ,* etc., ce qu'il faut absolument éviter;

2° Ils haussent généralement d'un demi-ton, au moyen d'un ♯, l'*ut* qui précède immédiatement la finale du 1er ou du 2e ton, et le *fa* qui précède immédiatement la finale du 7e ou du 8e ton, sous prétexte de faire une *sensible*, comme s'il y avait une sensible dans l'ancienne tonalité grecque! Ces altérations, qui détruisent complétement la tonalité du plain-chant, sont très-vicieuses et doivent être évitées avec le plus grand soin.

64. Le degré de vitesse ou de lenteur du plain-chant est en raison de la gravité du chant et de la solennité de l'office. Aux jours de grandes fêtes, on doit chanter plus gravement, afin d'ajouter, par un chant large et majestueux, à la pompe et à l'éclat des cérémonies religieuses.

65. Enfin, il faut chanter avec ensemble et avec expression. L'ensemble résulte de l'observation exacte de la durée des notes, et surtout de la bonne prononciation suivant les règles de la prosodie. Quant à l'expression, qui est la traduction au dehors des affections de notre âme, elle naît de la foi et de la piété des exécutants.

FIN.

TABLE DES MATIÈRES.

INTONATION.

SECONDE SECTION.

DE LA MESURE.

SECONDE SECTION.

(Suite de la Division binaire.)

INTONATION.

TROISIÈME SECTION.

DE LA MESURE.

TROISIÈME SECTION.

APPENDICE.

ABRÉGÉ DE LA THÉORIE DU PLAIN-CHANT.

FIN DE LA TABLE.

Dijon. – Impr. de Peutet-Pommey.

www.ingramcontent.com/pod-product-compliance
Ingram Content Group UK Ltd.
Pitfield, Milton Keynes, MK11 3LW, UK
UKHW022103260726
13993UKWH00001B/301

9 782329 323114